TOPIK I

MOCK TEST
FOR
BEGINNERS

___

한국어능력시험
토픽 I 실전모의고사 3회

KB047076

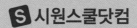 시원스쿨닷컴

토픽 I 실전모의고사 3회
TOPIK I MOCK TEST FOR BEGINNERS

초판 1쇄 발행 2024년 1월 2일

지은이 시원스쿨 TOPIK평가연구소
펴낸곳 (주)에스제이더블유인터내셔널
펴낸이 양홍걸 이시원

홈페이지 www.siwonschool.com
주소 서울시 영등포구 국회대로74길 12 시원스쿨
교재 구입 문의 02)2014-8151
고객센터 02)6409-0878

ISBN 979-11-6150-806-1 13710
Number 1-587271-01019920-06

머리말
PREFACE

한국어능력시험(TOPIK, Test of Proficiency in Korean)은 한국어를 모국어로 하지 않는 외국인과 재외동포를 대상으로 한국어의 학습 방향을 제시하고 한국어의 보급과 확대를 목적으로 하는 시험입니다. 해마다 응시자 수가 증가하고 있는 TOPIK은 외국인들의 한국어 사용 능력을 측정하고 평가하는 대표적인 시험입니다. 특히, 한국 유학과 취업을 위해 한국어 능력을 평가할 때 사용되어 그 중요성이 더욱 주목받고 있습니다. 하지만 TOPIK에서 높은 점수를 받는 일이 그렇게 쉽지만은 않습니다.

TOPIK에서 내가 원하는 점수를 받기 위해서는 먼저 기본적인 한국어 실력이 뒷받침되어야 합니다. 2014년 35회 시험부터는 새로운 유형의 문제들이 출제되고 있습니다. 그렇기 때문에 아무리 한국어의 기본 실력이 갖추어져 있다고 하더라도 시험 유형을 제대로 파악하지 못하면 본인의 한국어 실력을 시험에서 제대로 발휘하기 쉽지 않습니다.

그래서 시원스쿨에서는 TOPIK 평가연구원들이 TOPIK 기출문제를 토대로 최신 출제 경향을 분석하여 수험자들이 TOPIK을 완벽히 준비할 수 있도록 <TOPIKⅡ 실전모의고사 3회>에 이어 <TOPIKⅠ 실전모의고사 3회>를 이번에 출간하게 되었습니다.

<TOPIKⅠ 실전모의고사 3회>는 총 3회의 실전 모의고사를 통해 수험생들이 실제 시험에서 본인의 실력을 충분히 발휘할 수 있도록 돕기 위해 만들어졌습니다. 여기에 수록된 모든 지문은 최신 문제 출제 경향을 완벽히 분석하여 반영하였고, 문제 난이도 또한 실제 시험과 유사하기 때문에 수험생들은 짧은 기간 내에 실전에 대비할 수 있습니다.

이 책이 TOPIK을 준비하는 수험자뿐만 아니라 TOPIK 강의를 하는 한국어 선생님들께 조금이나마 도움이 되기를 바랍니다. 또, 모든 수험생들이 원하는 TOPIK 점수를 받을 수 있기를 바랍니다. 끝으로 이 책이 나오기까지 집필에 힘써주신 연구진들에게 감사의 뜻을 전합니다. 또한 출간을 흔쾌히 허락해 주신 시원스쿨의 양홍걸 대표님과 이하 시원스쿨닷컴 편집진 여러분들께도 감사드립니다.

시원스쿨 TOPIK평가연구소

차례
CONTENTS

문제집

해설집

부록

어휘 색인(ㄱ~ㅎ)

OMR 답안지(듣기, 읽기)

단어장

토픽 소개
INTRODUCING TOPIK
www.topik.go.kr

시험 수준 및 등급

구분	토픽I		토픽II			
	1급	2급	3급	4급	5급	6급
등급 결정	80~139	140~200	120~149	150~189	190~229	230~300

시험 시간표

시험수준	교시	영역	한국			시험시간(분)
			입실 완료 시간	시작	종료	
토픽I	1교시	듣기, 읽기	09:20 까지	10:00	11:40	100
토픽II	1교시	듣기, 쓰기	12:20 까지	13:00	14:50	110
	2교시	읽기	15:10 까지	15:20	16:30	70

응시료

토픽I: 40,000원

토픽II: 55,000원

시험 시간표

시험당일 준비물	수험표, 신분증(여권, 외국인등록증 등) * 학생증, 자격증은 신분증으로 인정하지 않으며 신분증의 사본 또한 신분증으로 인정하지 않는다.
입실 시간 및 고사실 확인	토픽I 오전 09:20, 토픽II 오후 12:20까지 시험실 입실 완료 * 토픽I 오전 09:20, 토픽II 오후 12:20 이후 시험실 입실 절대 불가
반입 금지 물품 관련	반입 금지 물품을 시험실에 가지고 들어온 경우, 1교시 시작 전 감독관 지시에 따라 제출한다. * 1교시 시작 전 제출하지 않은 경우, 부정행위로 간주함 * 휴대전화, 이어폰, 디지털카메라, MP3, 전자사전, 카메라 펜, 전자계산기, 라디오, 휴대용 미디어 플레이어, 스마트 워치, 웨어러블 장비, 시각 표시와 교시별 잔여 시간 표시 이외의 기능이 부착된 시계 등 모든 전자기기

시험 수준 및 등급

시험 수준	교시	영역	문제유형	문항수	배점	총점
토픽I	1교시	듣기	선택형	30	100	200
		읽기	선택형	40	100	
토픽II	1교시	듣기	선택형	50	100	300
		쓰기	서답형	4	100	
	2교시	읽기	선택형	50	100	

등급 평가 기준

시험수준	등급	평가기준
토픽I	1급	» 자기 소개하기, 물건 사기, 음식 주문하기 등 생존에 필요한 기초적인 언어 기능을 수행할 수 있으며 자기 자신, 가족, 취미, 날씨 등 매우 사적이고 친숙한 화제에 관련된 내용을 이해하고 표현할 수 있다. » 약 800개의 기초 어휘와 기본 문법에 대한 이해를 바탕으로 간단한 문장을 생성할 수 있다. 또한 간단한 생활문과 실용문을 이해하고 구성할 수 있다.
	2급	» 전화하기, 부탁하기 등의 일상생활에 필요한 기능과 우체국, 은행 등의 공공시설 이용에 필요한 기능을 수행할 수 있다. 약 1,500~2,000개의 어휘를 이용하여 사적이고 친숙한 화제에 관해 문단 단위로 이해하고 사용할 수 있다. » 공식적 상황과 비공식적 상황에서의 언어를 구분해 사용할 수 있다.
토픽II	3급	» 일상생활을 영위하는 데 별 어려움을 느끼지 않으며 다양한 공공시설의 이용과 사회적 관계 유지에 필요한 기초적 언어 기능을 수행할 수 있다. » 친숙하고 구체적인 소재는 물론, 자신에게 친숙한 사회적 소재를 문단 단위로 표현하거나 이해할 수 있다. » 문어와 구어의 기본적인 특성을 구분해서 이해하고 사용할 수 있다.
	4급	» 공공시설 이용과 사회적 관계 유지에 필요한 언어 기능을 수행할 수 있으며, 일반적인 업무 수행에 필요한 기능을 어느 정도 수행할 수 있다. 또한 뉴스, 신문 기사 중 비교적 평이한 내용을 이해할 수 있다. » 일반적인 사회적, 추상적 소재를 비교적 정확하고 유창하게 이해하고 사용할 수 있다. » 자주 사용되는 관용적 표현과 대표적인 한국 문화에 대한 이해를 바탕으로 사회, 문화적인 내용을 이해하고 사용할 수 있다.
	5급	» 전문 분야에서의 연구나 업무 수행에 필요한 언어 기능을 어느 정도 수행할 수 있으며 정치, 경제, 사회, 문화 전반에 걸쳐 친숙하지 않은 소재에 관해서도 이해하고 사용할 수 있다. » 공식적, 비공식적 맥락과 구어적, 문어적 맥락에 따라 언어를 적절히 구분해 사용할 수 있다.
	6급	» 전문 분야에서의 연구나 업무 수행에 필요한 언어 기능을 비교적 정확하고 유창하게 수행할 수 있으며 정치, 경제, 사회, 문화 전반에 걸쳐 친숙하지 않은 주제에 관해서도 이해하고 사용할 수 있다. » 원어민 화자의 수준에는 이르지 못하거나 기능 수행이나 의미 표현에는 어려움을 겪지 않는다.

토픽 시험 접수 방법
HOW TO TAKE THE TOPIC TEST

시험 접수 절차 안내(개인)

STEP 01
로그인

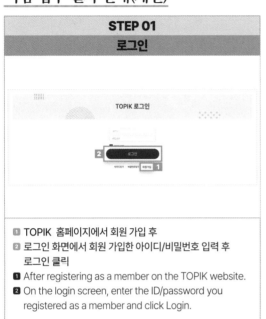

1. TOPIK 홈페이지에서 회원 가입 후
2. 로그인 화면에서 회원 가입한 아이디/비밀번호 입력 후 로그인 클릭
1. After registering as a member on the TOPIK website.
2. On the login screen, enter the ID/password you registered as a member and click Login.

STEP 02
접수

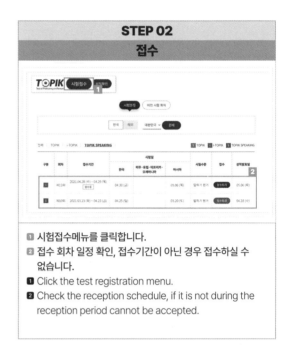

1. 시험접수메뉴를 클릭합니다.
2. 접수 회차 일정 확인, 접수기간이 아닌 경우 접수하실 수 없습니다.
1. Click the test registration menu.
2. Check the reception schedule, if it is not during the reception period cannot be accepted.

STEP 03
시험장 선택

1. 원하는 시험장을 검색, 또는 아래 시험장 목록 확인
2. 시험장 별 접수인원/정원 표시, 정원이 모두 신청된 경우 더 이상 접수 불가
3. 원하는 시험장의 시험수준을 클릭합니다.
1. Search for the test center you want, or check the test center list below.
2. Check the Indication the number of applicants/quota for each test site. If all applicants have applied for the test, no more applications will be accepted.
3. Click the test level of the test center you want.

STEP 04
정보 입력

1. 시험 수준, 시험장 등 시험접수정보 확인
2. 개인정보를 입력한 후 3. 다음단계 버튼을 클릭합니다.
1. Check test registration information such as test level and test site.
2. After entering personal information, 3. click the Next Step button.

STEP 05
사진 등록

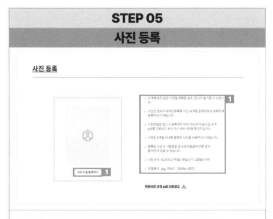

1 사진 수정/등록하기 버튼을 클릭하여 사진파일 등록
2 사진 등록 시 표준 사진이 맞는 지 꼭 확인하시기 바랍니다.
수업표의 사진과 시험일 본인 얼굴이 다를 경우, 불이익을
받을 수 있습니다.
1 After registering as a member on the TOPIK website.
2 When registering a photo, be sure to check that the
standard photo is correct.
Please be patient. If the photo on the class table and
your face on the test day are different, you may be
penalized.

STEP 06
정보 확인/수정

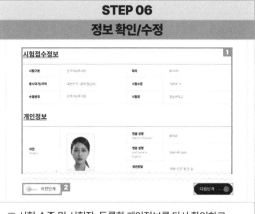

1 시험 수준 및 시험장, 등록한 개인정보를 다시 확인하고
다음단계 버튼을 클릭합니다.
2 등록한 정보가 잘못된 경우, 이전단계 버튼 클릭
1 Check the test level, test site, and registered personal
information again and click the Next Step button.
2 If the registered information is incorrect, click the
previous step button.

STEP 07
응시료 결제

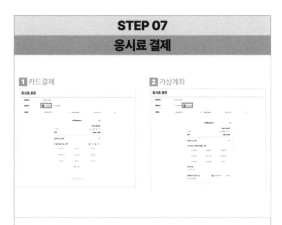

1 결제 시 결제 수단 선택은 신용카드와 가상계좌로 결제
2 국내신용카드 계좌가 없을 시 이용 – 본인에게 주어진
가상계좌로 응시료 입금. 지원자마다 계좌번호를 다르게
부여하기 때문에 타인의 가상계좌로 입금할 경우 확인이
불가능하므로 반드시 본인에게 주어진 계좌번호로만 입금
1 When paying, the choice of payment method is credit
card and virtual account pay with.
2 Use if you do not have a domestic credit card
account-Deposit the test fee to the virtual account
given to you. Since each applicant is given a different
account number, it is impossible to check if the
deposit is made to another person's virtual account.

STEP 08
접수 내역 확인

1 결제 여부 및 접수 결과를 확인합니다.
2 마이 페이지 메뉴 접수현황에서도 접수내역 확인 가능
1 Check the payment status and receipt result.
2 You can check the registration history in the My page
menu reception status.

* 시험 소개와 접수 방법은 토픽 홈페이지(www.topik.go.kr)를 참고하여 작성하였습니다.

책의 구성
BOOK COMPOSITION

1. 연습도 실전처럼 준비하기!

시험상에서 받아 보는 실제 시험지와 동일하게 구성하여 실전처럼 연습에 대비할 수 있도록 하였다.
뿐만 아니라 수험생들이 고득점을 받을 수 있도록 TOPIK 최신 출제 경향을 완벽히 반영하였다.

2. 해설을 보면서 혼자서도 시험 완벽 대비

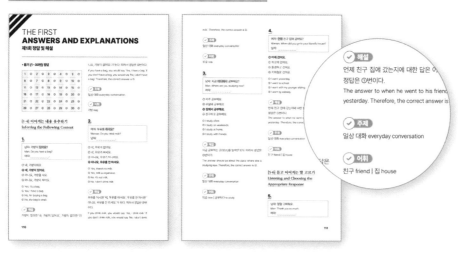

실전모의고사 1회부터 3회까지 모든 문제의 정답과 해설을 영어 번역과 함께 실었고,
문제의 핵심 키워드가 되는 내용을 파란색으로 표시하였다. 그리고 문제의 정답과 오답인 이유를 알기
쉽도록 풀이하여 제시하였다.

3. 언제 어디서든 시험 공부 모드!

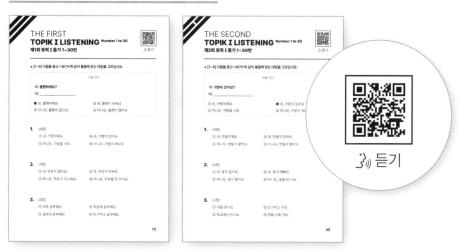

듣기 음성 파일이 연결된 QR코드가 있어 스마트폰으로 언제 어디서든 듣기 시험에 대비하여
문제 풀이를 할 수 있게 구성하였다.

4. 시험 직전까지 어휘 공부!

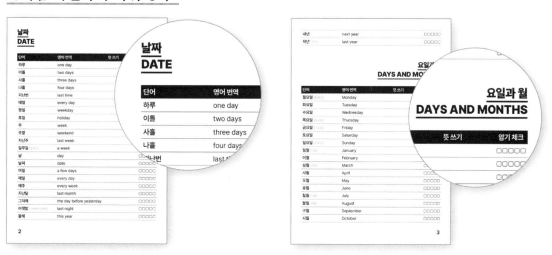

ㄱ부터 ㅎ까지의 어휘를 색인으로 정리하여 모르는 어휘를 쉽게 찾아 익힐 수 있게 하였다.
그리고 언제 어디서나 듣고 다니며 TOPIK 단어들을 공부할 수 있는 단어장을 함께 실었다.

유 의 사 항
Information

1. 시험 시작 지시가 있을 때까지 문제를 풀지 마십시오.
   Do not open the booklet until you are allowed to start.

2. 수험번호와 이름을 정확하게 적어 주십시오.
   Write your name and registration number on the answer sheet.

3. 답안지를 구기거나 훼손하지 마십시오.
   Do not fold the answer sheet; keep it clean.

4. 답안지의 이름, 수험번호 및 정답의 기입은 배부된 펜을 사용하여 주십시오.
   Use the given pen only.

5. 정답은 답안지에 정확하게 표시하여 주십시오.
   Mark your answer accurately and clearly on the answer sheet.

marking example

6. 문제를 읽을 때에는 소리가 나지 않도록 하십시오.
   Keep quiet while answering the questions.

7. 질문이 있을 때에는 손을 들고 감독관이 올 때까지 기다려 주십시오.
   When you have any questions, please raise your hand.

＊ [1~4] 다음을 듣고 <보기>와 같이 물음에 맞는 대답을 고르십시오.

<보 기>

가: 볼펜이에요?

나: _____

❶ 네, 볼펜이에요.   ② 네, 볼펜이 비싸요.
③ 아니요, 볼펜이 없어요.   ④ 아니요, 볼펜이 많아요.

1. (4점)
① 네, 가방이에요.   ② 네, 가방이 있어요.
③ 아니요, 가방을 사요.   ④ 아니요, 가방이 작아요.

2. (4점)
① 네, 우유가 없어요.   ② 네, 우유가 비싸요.
③ 아니요, 우유가 아니에요.   ④ 아니요, 우유를 안 마셔요.

3. (3점)
① 자주 공부해요.   ② 주말에 공부해요.
③ 집에서 공부해요.   ④ 친구하고 공부해요.

4. (3점)

① 어제 갔어요.   ② 학교에 갔어요.

③ 동생하고 갔어요.   ④ 지하철로 갔어요.

＊ [5~6] 다음을 듣고 <보기>와 같이 이어지는 말을 고르십시오.

<보 기>

가: 만나서 반가워요.
나: _____

① 감사합니디.   ❷ 만나서 반가워요.
③ 잘 먹었습니다.   ④ 그동안 수고했어요.

5. (4점)

① 아니에요.   ② 반가워요.

③ 미안해요.   ④ 안녕하세요.

6. (3점)

① 잘 부탁드려요.   ② 저도 반가워요.

③ 네, 잘 지내세요.   ④ 네, 오랜만이에요.

* [7~10] 여기는 어디입니까? <보기>와 같이 알맞은 것을 고르십시오.

<보 기>

가: 꽃이 예쁘네요. 얼마예요?
나: 만 원이에요.

① 극장　　　　② 공항　　　　❸ 꽃집　　　　④ 교실

7. (3점)
① 공원　　　　② 학교　　　　③ 식당　　　　④ 약국

8. (3점)
① 서점　　　　② 공원　　　　③ 약국　　　　④ 시장

9. (3점)
① 우체국　　　② 백화점　　　③ 여행사　　　④ 도서관

10. (4점)
① 도서관　　　② 여행사　　　③ 운동장　　　④ 백화점

* [11~14] 다음은 무엇에 대해 말하고 있습니까? <보기>와 같이 알맞은 것을 고르십시오.

<보 기>

가: 뭐가 맛있어요?

나: 떡볶이는 조금 맵고 비빔밥이 맛있어요.

❶ 맛   ② 역   ③ 가족   ④ 주말

11. (3점)

① 집   ② 일   ③ 옷   ④ 값

12. (3점)

① 장소   ② 친구   ③ 방학   ④ 취미

13. (4점)

① 음식   ② 교통   ③ 직업   ④ 운동

14. (3점)

① 약속   ② 나라   ③ 고향   ④ 날씨

＊ [15~16] 다음 대화를 듣고 가장 알맞은 그림을 고르십시오. (각 4점)

15. ①

②

③

④

16. ①  ②

③  ④

* [17~21] 다음을 듣고 <보기>와 같이 대화 내용과 같은 것을 고르십시오. (각 3점)

<보 기>

남자: 내일 학교에 가요?

여자: 아니요, 주말에는 학교에 안 가요.

① 남자는 학생입니다.　　　　② 남자는 학교에서 일합니다.

③ 여자는 학생이 아닙니다.　　❹ 여자는 내일 학교에 안 갑니다.

17. ① 남자는 여자에게 전화를 했습니다.

② 여자는 콘서트 표가 세 장 있습니다.

③ 남자는 내일 저녁에 약속이 있습니다.

④ 여자는 다른 친구하고 콘서트에 갔습니다.

18. ① 남자는 주말에 바쁩니다.

② 여자는 어제 집에서 쉬었습니다.

③ 남자는 비 오는 날씨를 좋아합니다.

④ 여자는 남자와 같이 등산을 갔습니다.

19. ① 여자는 지금 미술관에 있습니다.

② 남자는 우체국에서 일하고 있습니다.

③ 남자는 미술관의 위치를 잘 모릅니다.

④ 여자는 남자와 함께 관광을 할 겁니다.

20. ① 남자는 열한 시에 출발할 겁니다.

② 여자는 혼자 졸업식에 갈 겁니다.

③ 남자는 졸업식에 지하철로 갈 겁니다.

④ 여자는 학교에 갈 때 택시를 탈 겁니다.

21. ① 여자는 어제 바지를 샀습니다.

② 남자는 지금 옷을 사고 싶어 합니다.

③ 여자는 옷이 작아서 바꾸려고 왔습니다.

④ 남자는 여자와 같이 옷 가게에 갔습니다.

✻ [22~24] 다음을 듣고 여자의 중심 생각을 고르십시오. (각 3점)

22. ① 음악은 큰 소리로 듣는 게 좋습니다.

② 좋아하는 음악을 자주 듣고 싶습니다.

③ 다른 사람이 말할 때 잘 들어야 합니다.

④ 길을 걸을 때 음악을 듣는 것은 위험합니다.

23. ① 교통이 편한 곳에서 사는 게 좋습니다.

② 운동을 하기 위해서 자전거를 사야 합니다.

③ 자전거로 회사를 다니면 좋은 점이 많습니다.

④ 자전거를 오래 타면 회사에서 일할 때 힘듭니다.

24. ① 음식 쓰레기를 잘 버리는 것이 중요합니다.

② 손님을 위해서 음식을 많이 만들고 싶습니다.

③ 요리할 때 너무 많이 만들지 않는 게 좋습니다.

④ 요리를 하기 전에 재료를 미리 준비해야 합니다.

✻ [25~26] 다음을 듣고 물음에 답하십시오.

25. **여자가 왜 이야기를 하고 있는지 고르십시오.** (3점)

① 영화관의 위치를 설명하려고

② 영화 내용에 대해 소개하려고

③ 학교 행사의 이유를 말해 주려고

④ 무료 영화 관람에 대해 안내하려고

26. **들은 내용과 같은 것을 고르십시오.** (4점)

① 요즘 저녁에는 날씨가 덥습니다.

② 행사에서 음식을 먹을 수 있습니다.

③ 행사에 참여하면 두꺼운 옷을 줍니다.

④ 일주일 전부터 이 행사를 하고 있습니다.

✳ [27~28] 다음을 듣고 물음에 답하십시오.

27. 두 사람이 무엇에 대해 이야기를 하고 있는지 고르십시오. (3점)

　① 만들고 싶은 케이크

　② 친구를 위한 케이크

　③ 인기 있는 케이크 종류

　④ 케이크를 선물하는 방법

28. 들은 내용과 같은 것을 고르십시오. (4점)

　① 여자는 케이크를 처음 만듭니다.

　② 남자는 케이크를 좋아하지 않습니다.

　③ 남자는 여자에게 케이크를 선물했습니다.

　④ 여자는 생일 선물로 케이크를 받았습니다.

✳ [29~30] 다음을 듣고 물음에 답하십시오.

29. 남자가 아이들과 함께 그림책을 쓴 이유를 고르십시오. (3점)

　① 수업 시간에 도움이 되고 싶어서

　② 아이들을 더 잘 이해하고 싶어서

　③ 그림책을 만들면 기분이 좋아져서

　④ 아이들에게 책을 읽어 주고 싶어서

30. **들은 내용과 같은 것을 고르십시오.** (4점)

① 남자는 올해 선생님이 되었습니다.

② 남자는 학교에서 아이들을 가르칩니다.

③ 남자는 그림책에 아이들의 모습을 그렸습니다.

④ 남자는 어릴 때부터 그림 그리기를 좋아했습니다.

유 의 사 항
Information

1. 시험 시작 지시가 있을 때까지 문제를 풀지 마십시오.
   Do not open the booklet until you are allowed to start.

2. 수험번호와 이름을 정확하게 적어 주십시오.
   Write your name and registration number on the answer sheet.

3. 답안지를 구기거나 훼손하지 마십시오.
   Do not fold the answer sheet; keep it clean.

4. 답안지의 이름, 수험번호 및 정답의 기입은 배부된 펜을 사용하여 주십시오.
   Use the given pen only.

5. 정답은 답안지에 정확하게 표시하여 주십시오.
   Mark your answer accurately and clearly on the answer sheet.

marking example

6. 문제를 읽을 때에는 소리가 나지 않도록 하십시오.
   Keep quiet while answering the questions.

7. 질문이 있을 때에는 손을 들고 감독관이 올 때까지 기다려 주십시오.
   When you have any questions, please raise your hand.

---

* [31~33] 무엇에 대한 내용입니까? <보기>와 같이 알맞은 것을 고르십시오. (각 2점)

<보 기>

저는 이예진입니다. 제 친구는 앨리스입니다.

① 나이   ② 국적   ❸ 이름   ④ 생일

31.

사과를 먹습니다. 그리고 수박도 먹습니다.

① 날씨   ② 요일   ③ 나라   ④ 과일

32.

어머니와 아버지가 있습니다. 오빠도 있습니다.

① 친구   ② 가족   ③ 병원   ④ 공부

33.

토요일과 일요일은 학교에 안 갑니다. 집에서 쉽니다.

① 공부   ② 주말   ③ 나라   ④ 계절

✻ [34~39] <보기>와 같이 (   )에 들어갈 말로 가장 알맞은 것을 고르십시오.

<보 기>

처음 만났습니다. (   )을 줍니다.

① 지갑　　　　② 양복　　　　③ 과일　　　❹ 명함

34. (2점)

백화점에 갑니다. 가방을 (　　　　).

① 삽니다　　　② 탑니다　　　③ 먹습니다　　　④ 보냅니다

35. (2점)

단어를 모릅니다. (　　　　)을 찾습니다.

① 안경　　　　② 수박　　　　③ 사전　　　　④ 지갑

36. (2점)

커피숍에서 친구를 (　　　　). 이야기를 합니다.

① 읽습니다　　　② 입습니다　　　③ 만납니다　　　④ 받습니다

37. (3점)

> 회사에 일이 많습니다. 너무 (   ).

① 쌉니다   ② 큽니다   ③ 좋습니다   ④ 바쁩니다

38. (3점)

> 한국 음식을 좋아합니다. 떡볶이가 (   ) 맛있습니다.

① 아까   ② 벌써   ③ 제일   ④ 빨리

39. (2점)

> 회사에서 집(   ) 30분이 걸립니다.

① 의   ② 과   ③ 까지   ④ 에게

＊ [40~42] 다음을 읽고 맞지 <u>않는</u> 것을 고르십시오. (각 3점)

40.

한국 떡 만들기 수업

언제: 매주 토요일 오후 1시
어디: 인주 초등학교

① 한국 떡을 팝니다.

② 토요일에 떡을 만듭니다.

③ 수업은 오후 한 시에 있습니다.

④ 인주 초등학교에서 수업을 듣습니다.

41.

① 주차장이 두 개 있습니다.

② 화장실은 모두 네 개 있습니다.

③ 미술관 옆에 동물원이 있습니다.

④ 놀이공원 앞에 화장실이 있습니다.

42.

① 수미 씨는 마이클 씨를 기다릴 겁니다.

② 마이클 씨는 지금 서울역에 가고 있습니다.

③ 수미 씨는 길이 막혀서 늦게 도착할 겁니다.

④ 마이클 씨는 서울역에서 수미 씨를 만납니다.

✳ **[43~45] 다음을 읽고 내용과 같은 것을 고르십시오.**

43. (3점)

> 우리 학교 기숙사는 편리합니다. 기숙사 1층에 편의점과 식당이 있습니다. 지하 1층에 세탁기도 있어서 빨래를 할 수 있습니다.

① 학교 기숙사가 불편합니다.

② 학교 기숙사에 편의점이 없습니다.

③ 학교 기숙사 일 층에서 식사를 합니다.

④ 학교 기숙사 일 층에 세탁기가 있습니다.

44. (2점)

> 인사동에 김치 박물관이 있습니다. 여기에서 여러 가지 김치를 구경할 수 있습니다. 김치를 만들어 볼 수도 있어서 외국인이 많이 옵니다.

① 박물관은 인사동에서 멉니다.

② 박물관에서 김치를 볼 수 있습니다.

③ 박물관에서 김치를 만들 수 없습니다.

④ 박물관은 외국인에게 인기가 없습니다.

45. (3점)

> 평일은 학교에 가기 때문에 집안일을 할 수 없습니다. 그래서 주말에 청소를 합니다. 청소가 힘들지만 깨끗해진 집을 보면 기분이 좋습니다.

① 저는 청소한 후에 기분이 좋습니다.

② 저는 주말에 집안일을 하지 않습니다.

③ 저는 청소를 매일 해서 집이 깨끗합니다.

④ 저는 평일에 학교도 가고 집안일도 합니다.

✽ [46~48] 다음 글을 읽고 중심 생각을 고르십시오.

46. (3점)

> 저는 요리 학원에 다닙니다. 일 년이나 요리를 배웠지만 아직 잘 못합니다. 빨리 요리를 잘 해서 어머니에게 음식을 만들어 주고 싶습니다.

① 요리를 잘 하고 싶습니다.

② 요리 학원에 다니면 좋겠습니다.

③ 어머니가 집에서 요리를 할 겁니다.

④ 어머니에게 요리를 배우고 싶습니다.

47. (3점)

> 오늘 도서관에 공부하러 갔습니다. 1층에서 공부를 했는데 사람들이 많아 조금 시끄러웠습니다. 내일은 조용한 2층에서 공부하려고 합니다.

① 도서관에서 공부하고 싶습니다.

② 도서관이 조용하면 좋겠습니다.

③ 도서관이 시끄러워도 갈 겁니다.

④ 도서관 1층은 공부하기 좋습니다.

48. (2점)

> 저는 대학교를 졸업하고 바로 취직했습니다. 2년 동안 일 때문에 해외여행을 갈 수 없었습니다. 올해 휴가에는 꼭 해외여행을 갈 겁니다.

① 대학교를 졸업하고 싶습니다.

② 졸업 후에 취직하면 좋겠습니다.

③ 여행을 가려고 휴가를 기다립니다.

④ 이 년 동안 해외여행을 하려고 합니다.

✽ [49~50] 다음을 읽고 물음에 답하십시오. (각 2점)

> 저는 지난주에 친구들과 설악산에 여행하러 갔습니다. 그런데 비가 많이 와서 산에 올라갈 수 없었습니다. (㉠) 우리는 근처 커피숍에서 커피를 마시면서 설악산에서 유명한 나뭇잎 모양의 빵을 먹었습니다. 등산은 못했지만 친구들과 비가 오는 산을 구경하는 것도 즐거웠습니다.

49. ㉠에 들어갈 말로 가장 알맞은 것을 고르십시오.

① 그래서   ② 그러면

③ 하지만   ④ 그리고

50. 윗글의 내용과 같은 것을 고르십시오.

① 혼자 여행을 갔습니다.

② 지난주에 설악산을 등산했습니다.

③ 비가 와서 여행이 재미없었습니다.

④ 커피숍에서 유명한 빵을 먹었습니다.

* [51~52] 다음을 읽고 물음에 답하십시오.

> 감자는 음식을 만들 때 많이 사용합니다. 그런데 사람들은 (㉠)도 감자를 사용합니다. 감자를 잘라서 더러운 창문이나 거울을 닦으면 깨끗해집니다. 감자로 자동차의 유리를 닦으면 쉽게 더러워지지 않습니다. 그래서 비가 오는 날에도 창밖을 잘 볼 수 있어서 운전하기 좋습니다.

51. ㉠에 들어갈 말로 가장 알맞은 것 고르십시오. (3점)

① 청소할 때

② 요리할 때

③ 운전할 때

④ 빨래할 때

52. 무엇에 대한 내용인지 맞는 것을 고르십시오. (2점)

① 감자를 먹는 이유

② 감자를 자르는 방법

③ 감자로 할 수 있는 일

④ 감자로 만들 수 있는 음식

* [53~54] 다음을 읽고 물음에 답하십시오.

> 저는 혼자서 동영상을 보고 기타를 배웠습니다. 처음에는 잘 못 쳤습니다. 그렇지만 지금은 음악을 (㉠) 바로 연주할 수 있습니다. 3년 동안 매일 연습해서 그렇습니다. 다음 달에 저는 친구들과 공연을 할 겁니다. 멋진 기타 공연을 하고 싶습니다.

53. ㉠에 들어갈 말로 가장 알맞은 말을 고르십시오. (2점)

① 들으면

② 들거나

③ 들었는데

④ 들으려고

54. 윗글의 내용과 같은 것을 고르십시오. (3점)

① 저는 매일 기타 연습을 했습니다.

② 저는 친구에게 기타를 배웠습니다.

③ 저는 처음부터 기타를 잘 쳤습니다.

④ 저는 공연장에서 기타 공연을 할 겁니다.

✳ [55~56] 다음을 읽고 물음에 답하십시오.

> 다른 나라에서 들어온 과일에는 숫자가 있습니다. 그 숫자는 과일의 가격과 (㉠) 방법을 알려 줍니다. 보통 3이나 4로 시작하는 과일은 병이 걸리지 않게 하려고 약으로 키웁니다. 그래서 꼭 씻어서 먹어야 합니다. 약을 주지 않고 건강하게 키운 과일은 9로 시작하는데 조금 비쌉니다.

55. ㉠에 들어갈 말로 가장 알맞은 말을 고르십시오. (2점)

    ① 먹는

    ② 씻는

    ③ 자라는

    ④ 키우는

56. 윗글의 내용과 같은 것을 고르십시오. (3점)

    ① 숫자가 있는 과일은 비쌉니다.

    ② 건강하게 키운 과일은 번호가 없습니다.

    ③ 약으로 키운 과일은 숫자 9로 시작합니다.

    ④ 과일에 있는 숫자로 가격을 알 수 있습니다.

✳ [57~58] 다음을 순서에 맞게 배열한 것을 고르십시오.

57. (3점)

> **(가)** 아이와 같이 놀아 주지 못해서 너무 미안했습니다.
>
> **(나)** 지금부터는 아이와 함께 즐거운 시간을 보낼 겁니다.
>
> **(다)** 그래서 저는 회사에 1년 휴가를 신청하기로 했습니다.
>
> **(라)** 요즘 저는 늦게까지 일을 해서 아이가 자는 것만 보게 됩니다.

① (가)-(라)-(다)-(나) 　　　② (가)-(나)-(라)-(다)
③ (라)-(가)-(다)-(나) 　　　④ (라)-(나)-(가)-(다)

58. (2점)

> **(가)** 약을 먹는 시간을 알려 주는 통이 있습니다.
>
> **(나)** 약 먹는 시간을 자주 잊는 사람에게 꼭 필요할 겁니다.
>
> **(다)** 약을 먹지 않거나 가지고 가지 않으면 문자를 보냅니다.
>
> **(라)** 그리고 내가 먹은 약을 알려 줘서 여러 번 먹지 않아도 됩니다.

① (가)-(다)-(라)-(나) 　　　② (가)-(라)-(다)-(나)
③ (나)-(라)-(다)-(가) 　　　④ (나)-(라)-(가)-(다)

✻ [59~60] 다음을 읽고 물음에 답하십시오.

> 저는 주택으로 이사했습니다. (㉠) 지금까지 아파트에만 살다가 이 집에 오니까 자연 풍경이 너무 좋았습니다. (㉡) 그런데 여름에는 벌레가 많고 겨울에는 너무 추워서 불편했습니다. (㉢) 그래도 아이들이 뛰어놀 수 있어서 좋습니다. (㉣)

59. 다음 문장이 들어갈 곳으로 가장 알맞은 것을 고르십시오. (2점)

> 특히 물이 얼어서 씻지 못할 때도 있었습니다.

① ㉠   ② ㉡   ③ ㉢   ④ ㉣

60. 윗글의 내용과 같은 것을 고르십시오. (3점)

① 저는 주택에 처음 삽니다.

② 주택에서 아파트로 이사했습니다.

③ 아파트는 뛸 수 있어서 좋습니다.

④ 집에 벌레가 많아서 이사했습니다.

* [61~62] 다음을 읽고 물음에 답하십시오. (각 3점)

작은 플라스틱은 다시 사용하기 어려워서 버릴 때가 많습니다. 그런데 우리 동네에 작은 플라스틱을 새로운 물건으로 다시 만들어 주는 가게가 생겼습니다. 작은 플라스틱을 모아 깨끗하게 씻고 잘라서 비누통을 만듭니다. 저도 작은 물병 뚜껑을 (㉠). 거기에 작은 플라스틱을 가지고 가면 비누통을 줍니다. 쓰레기도 줄이고 선물도 받아서 너무 좋습니다.

---

61. ㉠에 들어갈 말로 가장 알맞은 것을 고르십시오.

① 쓰고 있습니다.

② 모으고 있습니다.

③ 버리고 있습니다.

④ 자르고 있습니다.

62. 윗글의 내용과 같은 것을 고르십시오.

① 우리 동네는 플라스틱 쓰레기가 적습니다.

② 저는 모든 플라스틱을 씻어서 모으고 있습니다.

③ 저는 플라스틱 가게에서 새제품을 만들었습니다.

④ 작은 플라스틱을 다시 쓸 때는 잘라서 사용합니다.

✳ [63~64] 다음을 읽고 물음에 답하십시오.

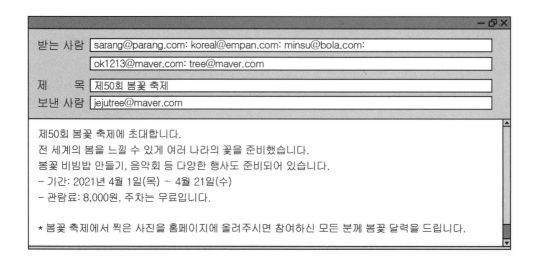

63. 왜 윗글을 썼는지 맞는 것을 고르십시오. (2점)

① 봄꽃 축제 신청을 받으려고

② 봄꽃 축제를 소개하고 싶어서

③ 봄꽃 축제에 대해 물어보고 싶어서

④ 봄꽃 축제 신청 방법을 알려 주려고

64. 윗글의 내용과 같은 것을 고르십시오. (3점)

① 봄꽃 축제는 올해 처음 시작됐습니다.

② 차를 가지고 가면 주차비를 내야 합니다.

③ 봄꽃 축제 사진을 올리면 선물이 있습니다.

④ 축제에 가면 비빔밥을 사 먹을 수 있습니다.

* [65~66] 다음을 읽고 물음에 답하십시오.

요즘은 가구를 만들어 사용하는 사람들이 많습니다. 저도 친구와 같이 처음으로 책장을 만들었습니다. 제가 좋아하는 나무로 만든 책장이라서 방에서 좋은 나무 냄새도 납니다. 이렇게 가구를 직접 만들면 마음에 드는 재료를 사용해서 방에 어울리는 가구를 (㉠). 다음에는 많은 사람들이 앉을 수 있는 크고 넓은 책상을 만들고 싶습니다.

65. ㉠에 들어갈 말로 가장 알맞은 것을 고르십시오. (2점)

① 만들어도 됩니다.

② 만들기로 합니다.

③ 만들 수 있습니다.

④ 만들기 때문입니다.

66. 윗글의 내용과 같은 것을 고르십시오. (3점)

① 책상은 나무로 만들었습니다.

② 저는 자주 나무로 책장을 만듭니다.

③ 저는 다음에 큰 책상을 만들 겁니다.

④ 친구가 책장을 만들어 선물했습니다.

✱ [67~68] 다음을 읽고 물음에 답하십시오. (각 3점)

우리는 일기예보에서 알려준 날씨보다 더 춥게 느낄 때가 많습니다. 바람이나 햇빛 때문에 다르게 느낍니다. 특히 추운 겨울에 바람이 불면 우리 몸은 추위를 더 많이 느낍니다. 바람이 불어도 우리 몸이 더 (㉠) 느낄 때가 있는데 우리 몸의 온도보다 기온이 높은 뜨거운 곳에 있어서 그렇습니다.

67. ㉠에 들어갈 말로 가장 알맞은 것을 고르십시오.

① 덥게

② 춥게

③ 비슷하게

④ 따뜻하게

68. 윗글의 내용과 같은 것을 고르십시오.

① 바람 때문에 몸이 느끼는 온도가 다릅니다.

② 기온은 우리 몸이 느끼는 온도를 말합니다.

③ 더운 곳에서는 항상 사람의 체온이 높습니다.

④ 날씨 예보의 기온과 몸이 느끼는 온도는 같습니다.

* [69~70] 다음을 읽고 물음에 답하십시오. (각 2점)

> 저는 지난 토요일에 동생들과 특별한 사진관에 갔습니다. 사진관에 들어가면 사진을 찍기 위한 모든 준비가 되어 있습니다. 우리는 사진을 찍기 전에 화장도 하고 예쁜 머리띠와 재미있는 안경도 썼습니다. 그리고 동생은 저에게 어울리는 모자도 씌워 줬습니다. 거울 속의 제 모습이 마음에 들었습니다. 이렇게 멋지게 사진을 (㉠) 친구에게도 소개할 생각입니다.

69. ㉠에 들어갈 말로 가장 알맞은 것을 고르십시오.

　① 찍을까 해서

　② 찍어야 해서

　③ 찍으려고 해서

　④ 찍을 수 있어서

70. 윗글의 내용으로 알 수 있는 것을 고르십시오.

　① 사진관에서 사진 찍는 방법을 배울 수 있습니다.

　② 사진이 마음에 들지 않으면 다시 찍어도 됩니다.

　③ 손님은 특별한 준비 없이 사진관에 가도 됩니다.

　④ 손님은 기다리지 않고 사진을 찍을 수 있습니다.

유 의 사 항
Information

1. 시험 시작 지시가 있을 때까지 문제를 풀지 마십시오.
   Do not open the booklet until you are allowed to start.

2. 수험번호와 이름을 정확하게 적어 주십시오.
   Write your name and registration number on the answer sheet.

3. 답안지를 구기거나 훼손하지 마십시오.
   Do not fold the answer sheet; keep it clean.

4. 답안지의 이름, 수험번호 및 정답의 기입은 배부된 펜을 사용하여 주십시오.
   Use the given pen only.

5. 정답은 답안지에 정확하게 표시하여 주십시오.
   Mark your answer accurately and clearly on the answer sheet.

marking example

6. 문제를 읽을 때에는 소리가 나지 않도록 하십시오.
   Keep quiet while answering the questions.

7. 질문이 있을 때에는 손을 들고 감독관이 올 때까지 기다려 주십시오.
   When you have any questions, please raise your hand.

---

* [1~4] 다음을 듣고 <보기>와 같이 물음에 맞는 대답을 고르십시오.

<보 기>

가: 가방이 있어요?

나: _____

① 네, 가방이에요.   ❷ 네, 가방이 있어요.

③ 아니요, 가방을 사요.   ④ 아니요, 가방이 작아요.

---

1. (4점)

　　① 네, 연필이에요.   ② 네, 연필이 있어요.

　　③ 아니요, 연필이 없어요.   ④ 아니요, 연필이 많아요.

2. (4점)

　　① 네, 꽃이 없어요.   ② 네, 꽃이 예뻐요.

　　③ 아니요, 꽃이 좋아요.   ④ 아니요, 꽃을 안 사요.

3. (4점)

　　① 내일 만나요.   ② 친구하고 가요.

　　③ 학교에서 만나요.   ④ 여덟 시에 가요.

4. (4점)

　　① 축구를 좋아해요.　　　　② 운동을 자주 해요.

　　③ 아주 재미있어요.　　　　④ 어제 운동을 했어요.

* [5~6] 다음을 듣고 <보기>와 같이 이어지는 말을 고르십시오.

<보 기>

가: 만나서 반가워요.

나: _____

① 감사합니다.　　　　　　　❷ 만나서 반가워요.

③ 잘 먹었습니다.　　　　　　④ 그동안 수고했어요.

---

5. (4점)

　　① 그렇습니다.　　　　　② 죄송합니다.

　　③ 감사합니다.　　　　　④ 괜찮습니다.

6. (3점)

　　① 잘 지내세요.　　　　　② 여기에 있어요.

　　③ 안녕히 계세요.　　　　④ 잠깐만 기다리세요.

* [7~10] 여기는 어디입니까? <보기>와 같이 알맞은 것을 고르십시오.

<보 기>

가: 어디가 아프세요?

나: 머리가 아파요.

① 시장   ② 공항   ❸ 병원   ④ 교실

7. (3점)

① 가게   ② 공원   ③ 식당   ④ 회사

8. (3점)

① 학교   ② 극장   ③ 은행   ④ 약국

9. (3점)

① 편의점   ② 도서관   ③ 미용실   ④ 운동장

10. (4점)

① 미술관   ② 우체국   ③ 사진관   ④ 여행사

✱ [11~14] 다음은 무엇에 대해 말하고 있습니까? <보기>와 같이 알맞은 것을 고르십시오.

<보 기>

가: 뭐가 맛있어요?

나: 떡볶이는 조금 맵고 비빔밥이 맛있어요.

❶ 맛   ② 일   ③ 집   ④ 옷

---

11. (3점)

① 가족   ② 시간   ③ 고향   ④ 이름

12. (3점)

① 장소   ② 약속   ③ 운동   ④ 나라

13. (4점)

① 생일   ② 방학   ③ 직업   ④ 취미

14. (3점)

① 위치   ② 소개   ③ 기분   ⑤ 계획

※ [15~16] 다음 대화를 듣고 가장 알맞은 그림을 고르십시오. (각 4점)

15. ①

②

③

④

16.

③

④

＊ [17~21] 다음을 듣고 <보기>와 같이 대화 내용과 같은 것을 고르십시오. (각 3점)

<보 기>

남자: 내일 학교에 가요?

여자: 아니요, 주말에는 학교에 안 가요.

① 남자는 학생입니다.　　　　　　② 남자는 학교에서 일합니다.

③ 여자는 학생이 아닙니다.　　　　❹ 여자는 내일 학교에 안 갑니다.

17.　① 남자는 가족과 여행을 했습니다.

　　② 남자는 방학에 고향에 갈 겁니다.

　　③ 여자는 남자와 같이 고향에 갑니다.

　　④ 여자는 방학 때 가족을 만났습니다.

18.　① 남자는 기타를 배운 적이 있습니다.

　　② 여자는 3년 전부터 기타를 배웠습니다.

　　③ 남자는 요즘 기타를 가르치고 있습니다.

　　④ 여자는 남자에게 기타를 가르쳐줄 겁니다.

19.　① 여자는 회사에 다니고 있습니다.

　　② 남자는 회사에서 여자를 만났습니다.

　　③ 남자는 지금 요리를 배우고 있습니다.

　　④ 여자는 아침에 요리를 배우고 싶어 합니다.

20. ① 남자는 책을 잘못 주문했습니다.

② 남자는 주문한 사람을 잘 압니다.

③ 여자는 인터넷에서 책을 샀습니다.

⑤ 여자는 주말에 책을 주문했습니다.

21. ① 여자는 사진관의 위치를 모릅니다.

② 남자는 여권을 신청하고 있습니다.

③ 남자는 여자와 같이 사진관에 갔습니다.

⑥ 여자는 여권 사진을 찍은 적이 있습니다.

✱ [22~24] 다음을 듣고 여자의 중심 생각을 고르십시오. (각 3점)

22. ① 주말에 영화를 보면 좋겠습니다.

② 계획을 세우는 것이 중요합니다.

③ 주말에는 집에서 쉬고 싶습니다.

④ 친구들을 많이 사귀어야 합니다.

23. ① 차보다 커피를 마시는 게 건강에 좋습니다.

② 사람들마다 좋아하는 음료수가 모두 다릅니다.

③ 매일 하루에 한 잔 시원한 물을 마셔야 합니다.

④ 더울 때 너무 차가운 음료수는 몸에 좋지 않습니다.

24. ① 박물관에서는 조용히 해야 합니다.

② 아이들은 전시를 많이 보는 게 좋습니다.

③ 박물관에 가서 놀라운 전시를 보고 싶습니다.

④ 다른 사람들을 위해서 차례를 지키면 좋겠습니다.

* [25~26] 다음을 듣고 물음에 답하십시오.

25. 여자가 왜 이야기를 하고 있는지 고르십시오. (3점)

① 마트 이용 방법을 안내하려고

② 마트의 쉬는 날을 말해 주려고

③ 마트에서 하는 행사를 알리려고

④ 마트에 찾아오는 길을 설명하려고

26. 들은 내용과 같은 것을 고르십시오. (4점)

① 마트가 생긴 지 3년이 되었습니다.

② 고기를 사면 채소를 무료로 줍니다.

③ 과일은 오늘 특별한 할인이 없습니다.

④ 한 시까지 마트를 이용할 수 있습니다.

❋ [27~28] 다음을 듣고 물음에 답하십시오.

27. 두 사람이 무엇에 대해 이야기를 하고 있는지 고르십시오. (3점)

① 자주 가는 병원

② 병원에 가는 방법

③ 병원에 가는 이유

④ 병원에 가면 좋은 점

28. 들은 내용과 같은 것을 고르십시오. (4점)

① 남자는 요즘 잠을 못 잡니다.

② 여자는 어제 병원에 갔습니다.

③ 남자는 미리 병원을 예약했습니다.

④ 여자는 남자와 같이 병원에 갈 겁니다.

❋ [29~30] 다음을 듣고 물음에 답하십시오.

29. 남자가 달리기를 하는 이유를 고르십시오. (3점)

① 아픈 아이들을 도와주고 싶어서

② 다른 운동은 별로 좋아하지 않아서

③ 가수 활동을 하기가 점점 어려워져서

④ 사람들에게 달리기의 장점을 알리고 싶어서

30. 들은 내용과 같은 것을 고르십시오. (4점)

① 남자는 지금 병원에서 일하고 있습니다.

② 남자는 새로운 운동을 시작하려고 합니다.

③ 남자는 달리기가 건강에 좋다고 생각합니다.

④ 남자는 몸이 아파서 가수 활동을 쉬고 있습니다.

유 의 사 항
Information

1. 시험 시작 지시가 있을 때까지 문제를 풀지 마십시오.

   Do not open the booklet until you are allowed to start.

2. 수험번호와 이름을 정확하게 적어 주십시오.

   Write your name and registration number on the answer sheet.

3. 답안지를 구기거나 훼손하지 마십시오.

   Do not fold the answer sheet; keep it clean.

4. 답안지의 이름, 수험번호 및 정답의 기입은 배부된 펜을 사용하여 주십시오.

   Use the given pen only.

5. 정답은 답안지에 정확하게 표시하여 주십시오.

   Mark your answer accurately and clearly on the answer sheet.

6. 문제를 읽을 때에는 소리가 나지 않도록 하십시오.

   Keep quiet while answering the questions.

7. 질문이 있을 때에는 손을 들고 감독관이 올 때까지 기다려 주십시오.

   When you have any questions, please raise your hand.

THE SECOND
TOPIK I READING <small>Number 31 to 70</small>
제2회 토픽 I 읽기 31~70번

---

* [31~33] 무엇에 대한 내용입니까? <보기>와 같이 알맞은 것을 고르십시오. (각 2점)

<보 기>

저는 이예진입니다. 제 친구는 앨리스입니다.

① 나이　　　　② 국적　　　　❸ 이름　　　　④ 생일

31.

저는 한국에 삽니다. 친구는 인도네시아에 삽니다.

① 친구　　　　② 가족　　　　③ 나라　　　　④ 날씨

32.

비행기를 탑니다. 여기저기 구경을 합니다.

① 음식　　　　② 여행　　　　③ 공부　　　　④ 친구

33.

열한 시에 잡니다. 일곱 시에 일어납니다.

① 나이　　　　② 음식　　　　③ 시간　　　　④ 계절

✱ **[34~39]** <보기>와 같이 (   )에 들어갈 말로 가장 알맞은 것을 고르십시오.

<보 기>

처음 만났습니다. (   )을 줍니다.

① 지갑   ② 양복   ③ 과일   ❹ 명함

34. (2점)

우체국에 갑니다. 친구에게 편지를 (   ).

① 탑니다   ② 삽니다   ③ 마십니다   ④ 보냅니다

35. (2점)

눈이 나쁩니다. (   )을 씁니다.

① 안경   ② 모자   ③ 연필   ④ 일기

36. (2점)

친구가 늦습니다. 친구를 (   ).

① 읽습니다   ② 입습니다   ③ 보냅니다   ④ 기다립니다

37. (3점)

> 한복을 입습니다. 색이 너무 (   ).

① 답니다   ② 쌉니다   ③ 편합니다   ④ 예쁩니다

38. (3점)

> 시간이 없습니다. (   ) 바쁩니다.

① 아까   ② 너무   ③ 어서   ④ 빨리

39. (2점)

> 편의점(   ) 빵과 우유를 삽니다.

① 의   ② 에   ③ 에게   ④ 에서

✱ [40~42] 다음을 읽고 맞지 <u>않는</u> 것을 고르십시오. (각 3점)

40.

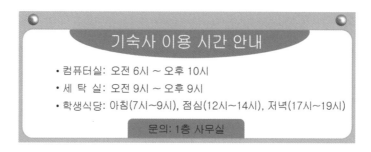

① 오후 여덟 시에 빨래를 할 수 있습니다.

② 이 층 사무실에서 질문을 할 수 있습니다.

③ 저녁 아홉 시에 컴퓨터를 할 수 있습니다.

④ 오전 일곱 시에 아침을 먹을 수 있습니다.

41.

① 사람들을 초대하고 싶습니다.

② 서울예식장 3층에서 결혼합니다.

③ 결혼식은 토요일 저녁에 있습니다.

④ 서울예식장은 지하철역에서 가깝습니다.

42.

① 주말 공연은 하루에 두 번 합니다.

② 일요일에는 연극을 볼 수 없습니다.

③ 연극은 만 이천 원에 볼 수 있습니다.

④ 두 사람은 토요일 오후에 만날 겁니다.

✳ [43~45] 다음을 읽고 내용과 같은 것을 고르십시오.

43. (3점)

> 저는 베트남 사람입니다. 다음 달에 베트남으로 돌아갑니다. 그래서 오늘 친구와 함께 백화점에 가서 가족 선물을 샀습니다.

① 저는 오늘 백화점에 갔습니다.

② 저는 베트남에 살고 있습니다.

③ 저는 친구 선물을 사러 갔습니다.

④ 저는 가족과 선물을 사러 갈 겁니다.

44. (2점)

> 저는 농구를 좋아해서 친구와 자주 농구장에 갑니다. 지난주에는 다른 팀과 농구를 했습니다. 너무 재미있어서 이번 주말에도 농구를 할 겁니다.

① 저는 농구장에서 농구를 봤습니다.

② 저는 다른 팀과 자주 농구를 합니다.

③ 저는 이번 주말에 농구장에 갈 겁니다.

④ 저는 지난주에 처음 농구장에 갔습니다.

45. (3점)

> 어제는 휴일이라서 친구와 광화문에 갔습니다. 한복을 입고 싶었지만 사람이 많아서 못 입었습니다. 그래서 박물관 구경을 하고 맛집에 갔습니다.

① 저는 혼자 박물관에 갔습니다.

② 저는 휴일에 친구를 만났습니다.

③ 저는 종로에서 한복을 입었습니다.

④ 저는 친구와 광화문에 못 갔습니다.

✱ [46~48] 다음 글을 읽고 중심 생각을 고르십시오.

46. (3점)

> 저는 여행을 좋아합니다. 하지만 단체 여행은 싫습니다. 가격은 저렴하지만 유명한 관광지만 가기 때문입니다.

① 여러 나라에 여행하고 싶습니다.

② 유명한 관광지에 가는 것을 좋아합니다.

③ 돈이 많이 들지 않는 여행을 하고 싶습니다.

④ 여러 명이 함께 가는 여행을 좋아하지 않습니다.

47. (3점)

> 저는 강아지와 밖에 나가서 놉니다. 그런데 집 앞에 강아지 놀이터가 생겨서 자주 가려고 합니다. 여기는 강아지와 편하게 놀 수 있어서 좋습니다.

① 강아지 놀이터를 찾고 있습니다.

② 집에서 강아지와 노는 게 좋습니다.

③ 강아지와 편한 곳에서 놀고 싶습니다.

④ 집 앞에 생긴 놀이터가 마음에 듭니다.

48. (2점)

> 저는 감기에 걸려서 오늘도 학교에 못 갑니다. 선생님과 친구도 보고 싶고 공부도 하고 싶습니다. 약을 먹고 빨리 나아서 학교에 갈 겁니다.

① 감기가 빨리 나아서 행복합니다.

② 몸이 아프지 않으면 좋겠습니다.

③ 감기가 나으면 학교에 갈 겁니다.

④ 몸이 아파서 학교에 못 갈 겁니다.

＊ [49~50] 다음을 읽고 물음에 답하십시오. (각 2점)

> 저는 지난 주말에 '맛집'을 소개하는 텔레비전 프로그램을 봤습니다. 그 프로그램에 나온 음식은 정말 (㉠). 그래서 어제 친구와 같이 그 식당에 갔습니다. 사람들이 많아서 우리는 한 시간을 기다려서 음식을 먹었습니다. 그런데 생각한 것과 달라서 조금 실망했습니다.

49. ㉠에 들어갈 말로 가장 알맞은 것을 고르십시오.

① 맛있어야 합니다   ② 맛있어 보였습니다

③ 맛있기 때문입니다   ④ 맛있으면 좋겠습니다

50. 윗글의 내용과 같은 것을 고르십시오.

① 텔레비전에 나온 식당 음식은 맛있었습니다.

② 텔레비전에 나온 식당에서 음식을 못 먹었습니다.

③ 텔레비전에 나온 식당에 다음 주에 가려고 합니다.

④ 텔레비전에 나온 음식을 먹으러 온 사람이 많았습니다.

✳ [51~52] 다음을 읽고 물음에 답하십시오.

> 먹고 남은 우유를 버리지 말고 김치를 만들 때 조금 넣어 보십시오. 김치 색깔이 더 예뻐지고 오랫동안 신선한 김치를 먹을 수 있습니다. (㉠) 카레 요리를 할 때 마지막에 우유를 조금 넣으면 부드러운 카레를 먹을 수 있습니다. 우유로 구두나 가구도 깨끗하게 닦을 수 있습니다. 몸에 좋은 우유를 생활 속에서 사용하면 환경도 지킬 수 있습니다.

51. ㉠에 들어갈 말로 가장 알맞은 것을 고르십시오. (3점)

① 그리고

② 그러면

③ 그러나

④ 그래서

52. 무엇에 대한 내용인지 맞는 것을 고르십시오. (2점)

① 우유를 먹는 이유

② 우유로 할 수 있는 일

③ 우유로 청소하는 방법

④ 우유로 만들 수 있는 음식

* [53~54] 다음을 읽고 물음에 답하십시오.

> 저와 제 남동생은 생일이 같습니다. 우리는 얼굴이 아주 비슷합니다. 머리 스타일도 같고 키도 비슷합니다. 또 좋아하는 음악도 똑같습니다. 그리고 둘 다 작은 일에도 잘 웃습니다. 그래서 사람들이 (㉠) 동생으로 생각할 때가 많습니다.

53. ㉠에 들어갈 말로 가장 알맞은 말을 고르십시오. (2점)

① 저를 봐서

② 저를 보면

③ 저를 보거나

④ 저를 보니까

54. 윗글의 내용과 같은 것을 고르십시오. (3점)

① 저와 남동생은 잘 웃지 않습니다.

② 저와 남동생은 머리 모양이 다릅니다.

③ 저와 남동생은 같은 날에 태어났습니다.

④ 저와 남동생은 다른 음악을 좋아합니다.

✳ [55~56] 다음을 읽고 물음에 답하십시오.

> 저는 어제 처음 자전거를 탔습니다. 아버지가 제 자전거를 잡아 주셨지만 넘어질 것 같 았습니다. 저는 너무 무서워서 아버지를 불렀습니다. (㉠   ) 아버지의 목소리가 점점 작아졌습니다. 이상해서 뒤를 봤는데 아버지가 멀리서 웃고 계셨습니다. 그때부터 저는 혼자 자전거를 타게 되었습니다.

55. ㉠에 들어갈 말로 가장 알맞은 말을 고르십시오. (2점)

① 그래서

② 하지만

③ 그러면서

④ 그러니까

56. 윗글의 내용과 같은 것을 고르십시오. (3점)

① 저는 아버지를 보고 웃었습니다.

② 아버지와 저는 같이 자전거를 탔습니다.

③ 저는 무서워서 아버지를 계속 잡았습니다.

④ 아버지가 자전거를 타는 것을 가르치셨습니다.

✽ [57~58] 다음을 순서에 맞게 배열한 것을 고르십시오.

57. (3점)

> **(가)** 경복궁은 정말 아름답고 좋았습니다.
>
> **(나)** 그래서 우리는 드라마에 나온 경복궁에 갔습니다.
>
> **(다)** 지난주에 친한 고향 친구가 한국에 놀러 왔습니다.
>
> **(라)** 우리는 고향에 있을 때 한국 드라마를 많이 봤습니다.

① (다)-(가)-(라)-(나)   ② (다)-(라)-(나)-(가)
③ (라)-(가)-(다)-(나)   ④ (라)-(다)-(나)-(가)

58. (2점)

> **(가)** 하지만 모든 책을 처음부터 읽을 필요가 없습니다.
>
> **(나)** 대부분의 사람들은 책을 읽을 때 첫 장부터 읽습니다.
>
> **(다)** 전체 글보다 작가의 생각을 읽는 것이 더 중요하기 때문입니다.
>
> **(라)** 작가도 책을 쓸 때 처음부터 마지막까지 차례로 쓰지 않습니다.

① (나)-(가)-(라)-(다)   ② (나)-(다)-(가)-(라)
③ (라)-(가)-(다)-(나)   ④ (라)-(다)-(가)-(나)

* [59~60] 다음을 읽고 물음에 답하십시오.

> 제 집에는 오래된 물건이 많습니다. (㉠) 지금 쓰고 있는 옷장은 십 년 전에 부모님께서 사 주신 것입니다. (㉡) 그리고 이 의자는 제가 첫 월급을 받았을 때 산 것입니다. (㉢) 이 물건들에는 모두 특별한 추억이 있어서 볼 때마다 기분이 좋습니다. (㉣) 그래서 저는 오래된 물건이 너무 좋습니다.

59. 다음 문장이 들어갈 곳으로 가장 알맞은 것을 고르십시오. (2점)

> 왜냐하면 제가 물건을 소중하게 생각하기 때문입니다.

① ㉠   ② ㉡   ③ ㉢   ④ ㉣

60. 윗글의 내용과 같은 것을 고르십시오. (3점)

① 저는 10년 전 옷장을 지금도 사용합니다.

② 제 부모님은 첫 월급으로 의자를 샀습니다.

③ 제 의자는 오래 전에 선물로 받은 것입니다.

④ 저는 특별한 물건들을 사는 것을 좋아합니다.

＊ [61~62] 다음을 읽고 물음에 답하십시오. (각 3점)

> 부산 해운대 해변 앞 도로는 주말에 차가 다닐 수 없습니다. 복잡한 길을 걷기 편한 거리로 (㉠) 부산시가 이곳을 '차 없는 거리'로 만든 것입니다. 사람들은 주말마다 이곳에서 바다를 보면서 산책을 하거나, 해수욕을 즐깁니다. 배가 고프면 길에서 해산물 음식을 사 먹을 수도 있습니다. 자유롭고 밝은 분위기 때문에 남녀노소 모두 이곳을 많이 찾고 있습니다.

61. ㉠에 들어갈 말로 가장 알맞은 것을 고르십시오.

① 바꾸고

② 바꿔서

③ 바꾸지만

④ 바꾸려고

62. 윗글의 내용과 같은 것을 고르십시오.

① 평일에는 이 해변에 차가 다닐 수 없습니다.

② 배가 고프면 이곳에서 음식을 만들어 먹습니다.

③ 해운대 앞은 항상 복잡해서 산책하기 어렵습니다.

④ 이 도로는 많은 사람들이 좋아하는 거리가 되었습니다.

✻ [63~64] 다음을 읽고 물음에 답하십시오.

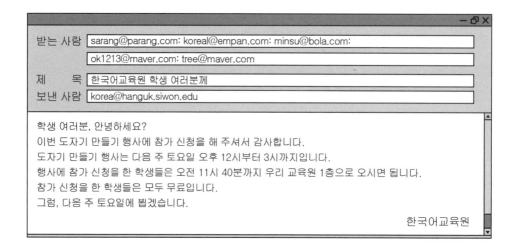

63. 왜 윗글을 썼는지 맞는 것을 고르십시오. (2점)

① 참가 신청을 받으려고

② 참가 신청을 취소하려고

③ 행사 시간과 장소를 알려주려고

④ '도자기 만들기' 행사에 참가하려고

64. 윗글의 내용과 같은 것을 고르십시오. (3점)

① '도자기 만들기'는 두 시간 동안 합니다.

② 도자기를 만들려면 참가비를 내야 합니다.

③ 참가 신청자는 한국어교육원에서 만납니다.

④ 다음 달에 '도자기 만들기' 행사를 합니다.

✻ [65~66] 다음을 읽고 물음에 답하십시오.

> 요즘은 건강에 좋은 음식에 대해 관심이 많습니다. 그래서 상추나 토마토같이 기르기 쉬운 채소를 길러서 먹는 집이 많아졌습니다. 집에서 채소를 직접 기르면 몸에도 좋고 안전한 음식을 (㉠). 그리고 아이와 함께 채소를 기르면 채소를 안 먹는 아이들도 먹게 되고 자연과 친해집니다. 또 채소를 사 먹지 않아도 되니까 돈이 많이 들지 않아서 좋습니다.

65. ㉠에 들어갈 말로 가장 알맞은 것을 고르십시오. (2점)

① 먹어도 됩니다.

② 먹기로 합니다.

③ 먹기 때문입니다.

④ 먹을 수 있습니다.

66. 윗글의 내용과 같은 것을 고르십시오. (3점)

① 채소를 길러서 파는 사람들이 많아졌습니다.

② 집에서 직접 채소를 기르는 것이 어렵습니다.

③ 채소를 사 먹는 것이 기르는 것보다 더 쌉니다.

④ 채소를 기르면서 아이들은 자연과 가까워집니다.

＊ [67~68] 다음을 읽고 물음에 답하십시오. (각 3점)

> 김수진 씨는 치과 의사입니다. 도시에 있는 유명한 병원에서 일하고 있습니다. 환자가 많고 바쁘지만 일 년에 두 번은 시골의 작은 마을을 찾아갑니다. 거기에서 이가 아픈 사람들을 보고 도움을 줍니다. 하지만 돈은 (㉠). 그 대신 마을 사람들과 식사를 하면서 재미있는 이야기를 듣습니다. 김수진 씨는 그곳에 가는 날을 기다립니다.

67. ㉠에 들어갈 말로 가장 알맞은 것을 고르십시오.

① 많이 냅니다.

② 벌어야 합니다.

③ 받지 않습니다.

④ 별로 없습니다.

68. 윗글의 내용과 같은 것을 고르십시오.

① 김수진 씨는 바쁠 때 시골에 가지 못합니다.

② 1년에 2번은 도시에 있는 병원에 환자가 적습니다.

③ 마을 사람들은 김수진 씨의 이야기를 재미있게 듣습니다.

④ 김수진 씨는 시골 사람들과 함께 보내는 시간을 기다립니다.

＊ [69~70] 다음을 읽고 물음에 답하십시오. (각 2점)

> 우리 옆집에는 개가 한 마리 있습니다. 제가 아이 때 옆집 친구가 키우기 시작했습니다. 어릴 때는 저보다 컸는데 지금은 저보다 작습니다. 옆집 친구와 저는 저녁마다 산책을 시키고 놀아줘서 개와 정이 많이 들었습니다. 그러나 이제 그 개와 헤어져야 합니다. 다음 주에 우리 가족이 이사를 가기 때문입니다. 저는 그 개가 무척 (㉠).

69. ㉠에 들어갈 말로 가장 알맞은 것을 고르십시오.

① 보고 싶었습니다.

② 보고 싶을 겁니다.

③ 좋아지고 있습니다.

④ 좋아지려고 합니다.

70. 윗글의 내용으로 알 수 있는 것을 고르십시오.

① 저는 이사를 가서 개를 키울 겁니다.

② 저는 개와 헤어지게 되어서 슬픕니다.

③ 저는 개 때문에 이사를 갈 수 없습니다.

④ 저는 개가 보고 싶을 때 그 집에 갈 겁니다.

유의사항
Information

1. 시험 시작 지시가 있을 때까지 문제를 풀지 마십시오.
   Do not open the booklet until you are allowed to start.

2. 수험번호와 이름을 정확하게 적어 주십시오.
   Write your name and registration number on the answer sheet.

3. 답안지를 구기거나 훼손하지 마십시오.
   Do not fold the answer sheet; keep it clean.

4. 답안지의 이름, 수험번호 및 정답의 기입은 배부된 펜을 사용하여 주십시오.
   Use the given pen only.

5. 정답은 답안지에 정확하게 표시하여 주십시오.
   Mark your answer accurately and clearly on the answer sheet.

   marking example

6. 문제를 읽을 때에는 소리가 나지 않도록 하십시오.
   Keep quiet while answering the questions.

7. 질문이 있을 때에는 손을 들고 감독관이 올 때까지 기다려 주십시오.
   When you have any questions, please raise your hand.

✻ [1~4] 다음을 듣고 <보기>와 같이 물음에 맞는 대답을 고르십시오.

<보 기>

가: 연필이에요?

나: _____

❶ 네, 연필이에요.　　　　　　　② 네, 연필이 있어요.

③ 아니요, 연필이 없어요.　　　　④ 아니요, 연필이 많아요.

1. (4점)

① 네, 친구가 없어요.　　　　　　② 네, 친구가 많아요.

③ 아니요, 친구가 있어요.　　　　④ 아니요, 친구가 아니에요.

2. (4점)

① 네, 수박이에요.　　　　　　　② 네, 수박을 싫어해요.

③ 아니요, 수박이 있어요.　　　　④ 아니요, 수박을 안 먹어요.

3. (3점)

① 금요일에 봐요.　　　　　　　② 식당에서 봐요.

③ 한 시에 만나요.　　　　　　　④ 선생님을 만나요.

4. (3점)

① 자주 가요.　　　　　② 내일 가요.

③ 동생이 가요.　　　　④ 지하철로 가요.

✳ **[5~6] 다음을 듣고 <보기>와 같이 이어지는 말을 고르십시오.**

<보 기>

가: 만나서 반가워요.

나: _____

① 감사합니다.　　　　　❷ 만나서 반가워요.

③ 잘 먹었습니다.　　　　④ 그동안 수고했어요.

5. (4점)

① 괜찮습니다.　　　　　② 고맙습니다.

③ 반갑습니다.　　　　　④ 축하합니다.

6. (3점)

① 네, 전데요.　　　　　② 네, 들어오세요.

③ 네, 오랜만이에요.　　④ 네, 안녕히 가세요.

＊ [7~10] 여기는 어디입니까? <보기>와 같이 알맞은 것을 고르십시오.

<보 기>

가: 꽃이 예쁘네요. 얼마예요?

나: 만 원이에요.

① 극장   ② 공항   ❸ 꽃집   ④ 교실

7. (3점)

① 학교   ② 식당   ③ 가게   ④ 병원

8. (3점)

① 병원   ② 은행   ③ 시장   ④ 가게

9. (3점)

① 서점   ② 호텔   ③ 우체국   ④ 미용실

10. (4점)

① 운동장   ② 문구점   ③ 미술관   ④ 미용실

＊ [11~14] 다음은 무엇에 대해 말하고 있습니까? <보기>와 같이 알맞은 것을 고르십시오.

<보 기>

가: 뭐가 맛있어요?

나: 떡볶이는 조금 맵고 비빔밥이 맛있어요

❶ 맛   ② 일   ③ 옷   ④ 역

11. (3점)

① 집   ② 값   ③ 이름   ④ 장소

12. (3점)

① 나이   ② 생일   ③ 날짜   ④ 시간

13. (4점)

① 직업   ② 취미   ③ 나라   ④ 여행

14. (3점)

① 계획   ② 계절   ③ 교통   ④ 위치

✳ [15~16] 다음 대화를 듣고 가장 알맞은 그림을 고르십시오. (각 4점)

15. ①

②

③

④

16. ①

②

③

④

✻ [17~21] 다음을 듣고 <보기>와 같이 대화 내용과 같은 것을 고르십시오. (각 3점)

<보 기>

남자: 내일 학교에 가요?

여자: 아니요, 주말에는 학교에 안 가요.

① 남자는 학생입니다.　　　　　　② 남자는 학교에서 일합니다.

③ 여자는 학생이 아닙니다.　　　　❹ 여자는 내일 학교에 안 갑니다.

17. ① 여자는 머리가 많이 아픕니다.

② 남자는 중요한 일이 있습니다.

③ 남자는 어제 잠을 잘 못 잤습니다.

④ 여자는 지금 집에서 쉬고 있습니다.

18. ① 여자는 주말에 집에 있었습니다.

② 남자는 친구하고 영화를 봤습니다.

③ 남자는 여자와 같이 산책을 했습니다.

④ 여자는 표가 없어서 영화를 못 봤습니다.

19. ① 남자는 여행사에서 일하고 있습니다.

② 여자는 전화로 호텔을 예약했습니다.

③ 남자는 여자와 같이 여행을 갈 겁니다.

④ 여자는 작은 방을 예약하고 싶어 합니다.

20. ① 여자는 오늘 이사를 했습니다.

　② 여자는 회사 일 때문에 바쁩니다.

　③ 남자는 여자를 도와주고 있습니다.

　④ 남자는 요즘 기분이 좋지 않습니다.

21. ① 여자는 운동장에서 운동을 합니다.

　② 남자는 종이와 연필을 준비할 겁니다.

　③ 두 사람은 학교에서 일하고 있습니다.

　④ 두 사람은 말하기 대회를 하고 있습니다.

✳ **[22~24] 다음을 듣고 여자의 중심 생각을 고르십시오. (각 3점)**

22. ① 식당은 음식의 맛이 가장 중요합니다.

　② 음식을 너무 많이 주문하면 안 됩니다.

　③ 오래 기다리지 않고 먹는 식당이 좋습니다

　④ 혼자 먹을 수 있는 식당이 많아지면 좋겠습니다.

23. ① 학생에게는 공부가 제일 중요합니다.

　② 건강하게 살려면 운동을 해야 합니다.

　③ 아르바이트 시간을 줄이는 게 좋겠습니다.

　④ 아르바이트 경험을 많이 하는 게 좋습니다.

24. ① 모든 일은 노력하는 것이 중요합니다.

② 필요할 때만 휴대 전화를 쓰는 게 좋습니다.

③ 너무 열심히 공부하면 눈이 나빠질 수 있습니다.

④ 중요한 일이 있을 때는 휴대 전화를 가지고 가야 합니다.

✻ [25~26] 다음을 듣고 물음에 답하십시오.

25. 여자가 왜 이야기를 하고 있는지 고르십시오. (3점)

① 발표회 날짜를 바꾸고 싶어서

② 발표회 행사 장소가 바뀌어서

③ 발표회 참가 신청을 말해 주려고

④ 발표회에서 주는 선물을 소개하려고

26. 들은 내용과 같은 것을 고르십시오. (4점)

① 참가 신청은 이메일로 하면 됩니다.

② 1등을 하면 선물을 받을 수 있습니다.

③ 발표회에서 피아노를 연주할 수 없습니다.

④ 참가하려면 이번 주까지 신청해야 합니다.

✽ [27~28] 다음을 듣고 물음에 답하십시오.

27. 두 사람이 무엇에 대해 이야기를 하고 있는지 고르십시오. (3점)

① 옷장을 놓는 장소

② 옷장이 필요한 이유

③ 옷을 주고 싶은 사람

④ 옷 정리를 잘하는 방법

28. 들은 내용과 같은 것을 고르십시오. (4점)

① 남자는 여자에게 선물로 옷을 받았습니다.

② 남자는 깨끗하게 청소하는 것을 좋아합니다.

③ 여자는 오랫동안 집 정리를 하지 않았습니다.

④ 여자는 안 입는 옷을 다른 사람에게 줄 겁니다.

✽ [29~30] 다음을 듣고 물음에 답하십시오.

29. 여자가 동물 사진을 찍는 이유를 고르십시오. (3점)

① 같이 놀 수 있는 친구들이 없어서

② 사람들의 모습을 찍는 것이 어려워서

③ 동물과의 즐거운 시간을 기억하고 싶어서

④ 동물에 대해서 더 많이 공부할 수 있어서

30. 들은 내용과 같은 것을 고르십시오. (4점)

① 여자는 다음 주부터 전시회를 할 겁니다.

② 여자는 어렸을 때부터 동물을 좋아했습니다.

③ 여자는 다른 사람들과 같이 전시회를 열었습니다.

④ 여자는 자주 볼 수 없는 동물의 사진을 찍었습니다.

유 의 사 항
Information

1. 시험 시작 지시가 있을 때까지 문제를 풀지 마십시오.
   Do not open the booklet until you are allowed to start.

2. 수험번호와 이름을 정확하게 적어 주십시오.
   Write your name and registration number on the answer sheet.

3. 답안지를 구기거나 훼손하지 마십시오.
   Do not fold the answer sheet; keep it clean.

4. 답안지의 이름, 수험번호 및 정답의 기입은 배부된 펜을 사용하여 주십시오.
   Use the given pen only.

5. 정답은 답안지에 정확하게 표시하여 주십시오.
   Mark your answer accurately and clearly on the answer sheet.

marking example

6. 문제를 읽을 때에는 소리가 나지 않도록 하십시오.
   Keep quiet while answering the questions.

7. 질문이 있을 때에는 손을 들고 감독관이 올 때까지 기다려 주십시오.
   When you have any questions, please raise your hand.

---

* [31~33] 무엇에 대한 내용입니까? <보기>와 같이 알맞은 것을 고르십시오. (각 2점)

> <보 기>
>
> **저는 이예진입니다. 제 친구는 앨리스입니다.**
>
> ① 나이   ② 국적   ❸ 이름   ④ 생일

31.

> 오이가 맛있습니다. 당근도 맛있습니다.

① 채소   ② 과일   ③ 직업   ④ 장소

32.

> 도서관에 갑니다. 책을 읽습니다.

① 공부   ② 쇼핑   ③ 이름   ④ 친구

33.

> 비가 옵니다. 바람이 붑니다.

① 취미   ② 음식   ③ 날씨   ④ 계절

* [34~39] <보기>와 같이 (   )에 들어갈 말로 가장 알맞은 것을 고르십시오.

<보 기>

처음 만났습니다. (   )을 줍니다.

① 지갑   ② 양복   ③ 과일   ❹ 명함

34. (2점)

저는 선생님입니다. 외국어를 (   ).

① 봅니다   ② 삽니다   ③ 받습니다   ④ 가르칩니다

35. (2점)

은행에 갑니다. 은행에서 (   )을 찾습니다.

① 돈   ② 꽃   ③ 가방   ④ 연필

36. (2점)

저는 요리를 합니다. 가족과 함께 맛있게 (   ).

① 배웁니다   ② 입습니다   ③ 보냅니다   ④ 먹습니다

37. (3점)

꽃이 예쁩니다. 향기도 너무 (   ).

① 좋습니다   ② 바쁩니다   ③ 슬픕니다   ④ 맵습니다

38. (3점)

음식이 뜨겁습니다. (   ) 먹습니다.

① 다시   ② 가끔   ③ 조용히   ④ 천천히

39. (2점)

공원에서 강아지(   ) 산책을 합니다.

① 의   ② 와   ③ 에   ④ 를

✱ [40~42] 다음을 읽고 맞지 <u>않는</u> 것을 고르십시오. (각 3점)

40.

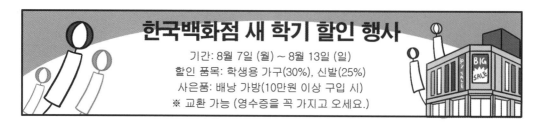

① 일주일 동안 할인 행사를 합니다.

② 신발보다 가구를 더 많이 깎아 줍니다.

③ 물건을 십만 원 이상 사면 선물을 줍니다.

④ 산 물건을 바꿀 때 영수증이 없어도 됩니다.

41.

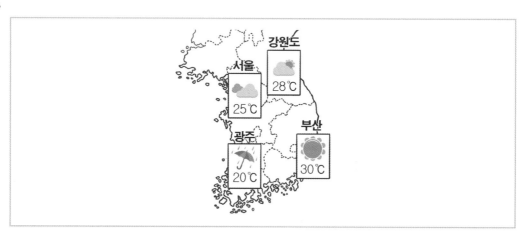

① 광주는 비가 내립니다.

② 강원도가 가장 덥습니다.

③ 부산은 날씨가 맑습니다.

④ 서울은 날씨가 흐립니다.

42.

① 지영 씨는 병원에 있습니다.

② 타오 씨는 병원에 올 겁니다.

③ 지영 씨는 점심시간에 전화할 겁니다.

④ 타오 씨는 지영 씨에게 전화했습니다.

＊ [43~45] 다음을 읽고 내용과 같은 것을 고르십시오.

43. (3점)

> 오늘 저녁에 친구가 옵니다. 그래서 꽃도 사고 방도 청소했습니다. 수업이 끝나면 집에 일찍 가서 음식을 만들 겁니다.

① 친구가 꽃을 샀습니다.

② 음식을 미리 준비했습니다.

③ 친구와 저녁을 먹을 겁니다.

④ 수업 후에 청소를 할 겁니다..

44. (2점)

> 저는 어제 누나와 태권도장에 처음 갔습니다. 거기에는 태권도를 하는 사람들이 많았습니다. 태권도를 배우는 것이 너무 재미있습니다.

① 저는 태권도장에 자주 갑니다.

② 저는 태권도장에 혼자 갔습니다.

③ 저는 어제 태권도를 배웠습니다.

④ 저는 태권도장에서 누나를 만났습니다.

45. (3점)

> 우리 할머니는 일주일에 한 번 컴퓨터를 배우십니다. 그래서 인터넷으로 맛있는 음식도 주문합니다. 요즘은 저에게 이메일도 보내십니다.

① 할머니는 전화로 음식을 주문합니다

② 할머니는 컴퓨터를 배우고 계십니다.

③ 할머니는 이메일을 쓸 수 없으십니다.

④ 할머니는 일주일에 한 번 저를 만나십니다.

＊ [46~48] 다음 글을 읽고 중심 생각을 고르십시오.

46. (3점)

> 저는 아이들에게 케이크를 만들어 줍니다. 다른 사람에게도 자주 케이크 만들어서 선물합니다. 케이크 만들기는 어렵지만 재미있습니다.

① 저는 케이크 만들기가 어렵습니다.

② 저는 케이크 만들기를 좋아합니다.

③ 저는 다른 사람과 케이크를 만듭니다.

④ 저는 아이들에게 케이크를 선물합니다.

47. (3점)

> 저는 요즘 학교에서 가까운 집을 찾고 있습니다. 집에서 학교까지는 버스로 두 시간이 걸립니다. 매일 6시에 일어나는 것이 힘듭니다.

① 저는 학교에 가고 싶습니다.

② 저는 학교 근처에 살고 싶습니다.

③ 저는 학교에 버스로 가고 싶습니다.

④ 저는 아침 일찍 일어나고 싶습니다.

48. (2점)

> 누나가 외국에 여행을 갔습니다. 누나가 없어서 집이 너무 조용합니다. 빨리 오면 좋겠습니다.

① 누나가 보고 싶습니다.

② 누나는 여행을 좋아합니다.

③ 누나 집은 너무 조용합니다.

④ 누나와 외국에 가고 싶습니다.

✻ [49~50] 다음을 읽고 물음에 답하십시오. (각 2점)

> 저는 얼마 전에 동아리 모임에 가서 선배를 소개받았습니다. 선배는 저와 많이 (㉠). 저는 말이 별로 없고 조용합니다. 그런데 그 선배는 말을 재미있게 하고 후배들을 많이 도와줍니다. 그래서 선배와 같이 있으면 시간이 빨리 갑니다. 저는 이런 선배를 만나서 정말 행복합니다.

49. ㉠에 들어갈 말로 가장 알맞은 것을 고르십시오.

① 다릅니다   ② 일합니다

③ 친합니다   ④ 걷습니다

50. 윗글의 내용과 같은 것을 고르십시오.

① 저는 후배들을 많이 도와줍니다.

② 저는 선배와 있는 시간이 좋습니다.

③ 저는 오늘 선배를 처음 만났습니다.

④ 저는 사람들에게 말을 많이 합니다.

* [51~52] 다음을 읽고 물음에 답하십시오.

> 치약은 보통 이를 닦을 때 사용합니다. 하지만 운동화를 (㉠) 손에 음식 냄새가 남았을 때도 치약을 사용합니다. 색깔이 변한 흰색 운동화를 빨 때 치약으로 닦으면 다시 하얀 운동화가 됩니다. 또 생선이나 마늘 등 요리를 한 후에 치약으로 손을 닦으면 냄새가 없어집니다.

51. ㉠에 들어갈 말로 가장 알맞은 것을 고르십시오. (3점)

① 사거나

② 신거나

③ 빨거나

④ 주거나

52. 무엇에 대한 내용인지 맞는 것을 고르십시오. (2점)

① 이를 하얗게 닦는 방법

② 생선을 깨끗하게 씻는 방법

③ 음식 냄새를 없애는 쉬운 방법

④ 생활에서 치약을 이용하는 방법

＊ [53~54] 다음을 읽고 물음에 답하십시오.

> 저는 어렸을 때부터 그림을 그리는 것을 좋아했습니다. 며칠 전 미술관에서 유명한 화가의 작품을 (㉠) 정말 감동을 받았습니다. 그래서 저도 화가가 되고 싶었습니다. 요즘은 혼자서 매일 그림을 그리고 있습니다. 내년에는 미술 학원에 가서 더 배워 보고 싶습니다.

53. ㉠에 들어갈 말로 가장 알맞은 말을 고르십시오. (2점)

① 보고

② 보러

③ 보려고

④ 보지만

54. 윗글의 내용과 같은 것을 고르십시오. (3점)

① 저는 혼자서 그림 연습을 합니다.

② 저는 미술관에서 화가를 만났습니다.

③ 저는 미술 학원에서 그림을 배웁니다.

④ 저는 화가와 같이 그림을 그렸습니다.

✳ [55~56] 다음을 읽고 물음에 답하십시오.

김치는 종류가 많습니다. 보통 우리가 먹는 김치는 맵지만 백김치는 맵지 않습니다. 고추 양념을 넣지 않고 소금물을 넣어서 만들기 때문입니다. (㉠) 매운 것을 못 먹는 아이들이나 외국인도 먹을 수 있습니다. 또 무, 미나리, 배, 마늘, 새우와 여러 가지 채소가 들어 있기 때문에 맛도 좋고 건강에도 좋습니다.

55. ㉠에 들어갈 말로 가장 알맞은 말을 고르십시오. (2점)

    ① 그래서   ② 하지만

    ③ 그리고   ④ 그런데

56. 윗글의 내용과 같은 것을 고르십시오. (3점)

    ① 김치는 모두 맛이 똑같습니다.

    ② 백김치는 외국인이 먹기 쉽습니다.

    ③ 백김치는 맵지만 건강에 좋습니다.

    ④ 백김치에는 고추 양념을 넣습니다.

✽ [57~58] 다음을 순서에 맞게 배열한 것을 고르십시오.

57. (3점)

> **(가)** 친구 집 근처 공원에 호수가 있습니다.
>
> **(나)** 공원에 있는 길을 따라서 걸으면 운동도 됩니다.
>
> **(다)** 우리 집 근처에도 이런 곳이 있으면 좋겠습니다.
>
> **(라)** 그래서 저녁에 산책하러 오는 사람들이 많습니다.

① (가)-(라)-(나)-(다)　　　　② (가)-(라)-(다)-(나)

③ (다)-(가)-(다)-(나)　　　　④ (다)-(라)-(나)-(가)

58. (2점)

> **(가)** 학생증은 내일 받을 수 있습니다.
>
> **(나)** 저는 오늘 학생증을 만들려고 합니다.
>
> **(다)** 그래서 수업이 없지만 학교에 갔습니다.
>
> **(라)** 신청서와 제 사진 한 장을 제출했습니다.

① (나)-(가)-(다)-(라)　　　　② (나)-(다)-(라)-(가)

③ (라)-(가)-(나)-(다)　　　　④ (라)-(다)-(가)-(나)

＊ [59~60] 다음을 읽고 물음에 답하십시오.

> 저는 오늘 마트에서 과일을 한 상자 샀습니다. (㉠) 그 상자에는 과일을 기른 사람의 이름과 전화번호가 있었습니다. (㉡) 그리고 가격은 조금 비쌌지만 신선하고 맛있었습니다. (㉢) 그래서 오늘 산 과일을 다 먹으면 그 사람이 기른 과일을 사려고 합니다. (㉣)

59. 다음 문장이 들어갈 곳으로 가장 알맞은 것을 고르십시오. (2점)

> 상자에 이름이 있으니까 믿고 먹을 수 있습니다.

① ㉠   ② ㉡   ③ ㉢   ④ ㉣

60. 윗글의 내용과 같은 것을 고르십시오. (3점)

① 저는 과일을 또 사 먹을 겁니다.

② 저는 과일을 기르려고 샀습니다.

③ 저는 조금 더 싼 과일을 살 겁니다.

④ 저는 오늘 산 과일을 다 먹었습니다.

* [61~62] 다음을 읽고 물음에 답하십시오. (각 3점)

> 저는 어제 친구하고 특별한 가방 가게에 갔습니다. 그 가게는 플라스틱 물병을 재활용해서 가방을 만듭니다. 거기에 플라스틱 물병을 가지고 가면 할인도 해 줍니다. 그리고 가방에 이름도 써넣을 수 있습니다. 어제 우리는 각자의 이름을 넣은 가방을 하나씩 샀습니다. 같은 가방을 메니까 친구가 더 소중하게 느껴졌습니다. 그 가방을 (㉠) 친구가 생각날 것 같습니다.

61. ㉠에 들어갈 말로 가장 알맞은 것을 고르십시오.

① 메려면

② 멘 후에

③ 멜 때마다

④ 메어 봐서

62. 윗글의 내용과 같은 것을 고르십시오.

① 저는 어제 가방을 구경한 후에 샀습니다.

② 저는 친구의 가방을 사러 가게에 갔습니다.

③ 가게에서는 우리가 원하는 제품을 재활용합니다.

④ 우리는 다른 가방을 멨지만 더 가깝게 느꼈습니다.

＊ [63~64] 다음을 읽고 물음에 답하십시오.

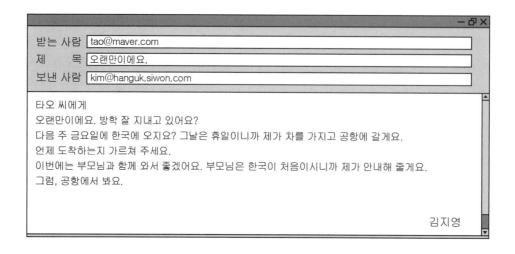

63. 왜 윗글을 썼는지 맞는 것을 고르십시오. (2점)

① 약속 장소를 바꾸려고

② 도착 장소를 물어보려고

③ 약속 시간을 알려 주려고

④ 도착 시간을 알고 싶어서

64. 윗글의 내용과 같은 것을 고르십시오. (3점)

① 김지영 씨는 금요일에 일을 합니다.

② 타오 씨가 부모님을 안내할 겁니다.

③ 김지영 씨는 차를 가지고 공항에 갈 겁니다.

④ 타오 씨 부모님은 한국에 온 적이 있습니다.

* [65~66] 다음을 읽고 물음에 답하십시오.

> 요즘 저는 자기 전에 하루를 돌아보면서 메모를 합니다. 먼저, 오늘 한 일 중에서 잘 한 일 세 가지를 씁니다. 그렇게 하면 힘든 일도 즐거운 일이 됩니다. 그다음에는 내일 할 일을 (㉠). 그러면 중요한 일을 잘 기억할 수 있어서 좋습니다. 이렇게 하루하루 메모를 하면 생각만 할 때보다 훨씬 잘 정리할 수 있습니다.

65. ㉠에 들어갈 말로 가장 알맞은 것을 고르십시오. (2점)

① 적어 봅니다.

② 적게 됩니다.

③ 적나 봅니다.

④ 적을까 합니다.

66. 윗글의 내용과 같은 것을 고르십시오. (3점)

① 메모를 하면서 하루를 정리합니다.

② 하루 동안 잘 못한 일을 메모합니다.

③ 자기 전에 잊어버린 일들을 적습니다.

④ 아침에 일어나자마자 오늘 할 일을 씁니다.

* [67~68] 다음을 읽고 물음에 답하십시오. (각 3점)

앞을 보지 못하는 사람과 같이 다니는 안내견이 있습니다. 이 개들은 앞이 보이지 않는 사람들의 눈이 되어 안전하게 길을 안내합니다. 그래서 사람들은 안내견이 신호등을 보고 길을 건너거나 멈춘다고 생각합니다. (㉠) 개는 신호등의 색을 구별할 수 없습니다. 색이 달라지면 신호등의 소리도 달라져서 그걸 듣고 길을 건너는 것입니다.

67. ㉠에 들어갈 말로 가장 알맞은 것을 고르십시오.

① 그러면

② 그리고

③ 그러나

④ 그러니까

68. 윗글의 내용과 같은 것을 고르십시오.

① 안내견은 신호등 색깔을 볼 수 있습니다.

② 안내견은 앞을 보지 못하는 사람을 도와줍니다.

③ 안내견은 길을 건널 때 사람들을 기다려줍니다.

④ 안내견은 신호등을 보고 길을 안내하는 개입니다.

* [69~70] 다음을 읽고 물음에 답하십시오. (각 2점)

> 작년 여름에 저는 형과 놀이동산에 갔습니다. 그런데 제가 구경하는 사이에 형이 보이지 않았습니다. 저는 형 이름을 크게 불렀지만 찾을 수 없었습니다. 길도 모르는 저는 슬프게 울고 있었는데 한 아저씨가 저에게 왔습니다. 아저씨는 제 이야기를 듣고 형을 (㉠) 도와 주셨습니다. 그 기억 때문에 저는 길을 잃은 아이를 보면 도와주고 싶습니다.

69. ㉠에 들어갈 말로 가장 알맞은 것을 고르십시오.

① 볼 수 있게

② 부를 수 있게

③ 찾을 수 있게

④ 기억할 수 있게

70. 윗글의 내용으로 알 수 있는 것을 고르십시오.

① 저는 혼자서 놀이동산에 갔습니다.

② 저는 놀이동산에서 길을 잃어버렸습니다.

③ 놀이동산에서 저는 아저씨와 놀았습니다.

④ 놀이동산에는 구경할 것이 많지 않습니다.

TOPIK I

MOCK TEST
FOR
BEGINNERS

────────

한국어능력시험
토픽 I 실전모의고사 3회

ANSWERS
AND
EXPLANATIONS

정답 및 해설

THE FIRST
ANSWERS AND EXPLANATIONS
제1회 정답 및 해설

• 듣기 (1~30번) 정답

1	②	2	④	3	③	4	①	5	①
6	③	7	③	8	④	9	①	10	④
11	①	12	④	13	②	14	④	15	①
16	②	17	③	18	②	19	③	20	②
21	①	22	④	23	③	24	③	25	④
26	②	27	②	28	①	29	②	30	②

[1-4] 이어지는 내용 유추하기
Inferring the Following Content

1.

> 남자: 가방이 있어요?
> Man: Do you have a bag?
> 여자: _____.

① 네, 가방이에요.
② 네, 가방이 있어요.
③ 아니요, 가방을 사요.
④ 아니요, 가방이 작아요.

① Yes, it's a bag.
② Yes, I have a bag.
③ No, I'm buying a bag.
④ No, the bag is small.

 해설

가방이 있으면 '네, 가방이 있어요.', 가방이 없으면 '아

니요, 가방이 없어요.'가 된다. 따라서 정답은 ②번이다.

If you have a bag, you would say 'Yes, I have a bag.' If you don't have a bag, you would say 'No, I don't have a bag.' Therefore, the correct answer is ②.

 주제

일상 대화 everyday conversation

 어휘

가방 bag

2.

> 여자: 우유를 마셔요?
> Woman: Do you drink milk?
> 남자: _____.

① 네, 우유가 없어요.
② 네, 우유가 비싸요.
③ 아니요, 우유가 아니에요.
④ 아니요, 우유를 안 마셔요.

① Yes, there's no milk.
② Yes, milk is expensive.
③ No, it's not milk.
④ No, I don't drink milk.

 해설

우유를 마시면 '네, 우유를 마셔요.', 우유를 안 마시면 '아니요, 우유를 안 마셔요.'가 된다. 따라서 정답은 ④번이다.

If you drink milk, you would say 'Yes, I drink milk.' If you don't drink milk, you would say 'No, I don't drink milk.' Therefore, the correct answer is ④.

 주제

일상 대화 everyday conversation

 어휘

우유 milk

3.

> 남자: 지금 어디에서 공부해요?
> Man: Where are you studying now?
> 여자: _____.

① 자주 공부해요.
② 주말에 공부해요.
③ **집에서 공부해요.**
④ 친구하고 공부해요.

① I study often.
② I study on weekends.
③ I study at home.
④ I study with friends.

 해설

지금 공부하는 곳(장소)을 말하면 된다. 따라서 정답은 ③번이다.

The answer should be about the place where she is studying now. Therefore, the correct answer is ③.

 주제

일상 대화 everyday conversation

 어휘

지금 now | 공부하다 to study

4.

> 여자: 언제 친구 집에 갔어요?
> Woman: When did you go to your friend's house?
> 남자: _____.

① **어제 갔어요.**
② 학교에 갔어요.
③ 동생하고 갔어요.
④ 지하철로 갔어요.

① I went yesterday.
② I went to school.
③ I went with my younger sibling.
④ I went by subway.

 해설

언제 친구 집에 갔는지에 대한 답은 어제이다. 따라서 정답은 ①번이다.

The answer to when he went to his friend's house is yesterday. Therefore, the correct answer is ①.

 주제

일상 대화 everyday conversation

 어휘

친구 friend | 집 house

[5-6] 듣고 이어지는 말 고르기
Listening and Choosing the Appropriate Response

5.

> 남자: 정말 고마워요.
> Man: Thank you so much.
> 여자: _____.

① 아니에요.

② 반가워요.

③ 미안해요.

④ 안녕하세요.

① You're welcome.

② Nice to meet you.

③ I'm sorry.

④ Hello.

 해설

남자는 여자에게 고맙다고 인사를 하고 있기 때문에 여자는 아니다, 괜찮다고 대답하는 말을 찾으면 된다. 따라서 정답은 ①번이다.

The man is thanking the woman, so the woman should respond with a phrase that means "No, it's okay". Therefore, the correct answer is ①.

 주제

일상 대화 everyday conversation

 어휘

정말 really

6.

> 여자: 고향에 잘 가요.
> Woman: Have a good trip to your hometown.
> 남자: _____.

① 잘 부탁드려요.

② 저도 반가워요.

③ 네, 잘 지내세요.

④ 네, 오랜만이에요.

① I look forward to your kind cooperation.

② Nice to meet you too.

③ Yes, take care.

④ Yes, it's been a while.

 해설

여자는 남자에게 고향에 잘 가라고 인사하고 있기 때문에 남자는 여자에게도 잘 지내라고 대답하면 된다. 따라서 정답은 ③번이다.

The woman is wishing the man a good trip to his hometown, so the man should respond by wishing her well too. Therefore, the correct answer is ③.

 주제

인사하기 greeting

 어휘

고향 hometown

[7-10] 담화 장소 고르기
Identifying the Location of the Conversation

7.

> 남자: 여기 김밥 하나 주세요.
> Man: Please give me a gimbap here.
> 여자: 네, 잠깐만 기다리세요.
> Woman: Yes, please wait a moment.

① 공원

② 학교

③ 식당

④ 약국

① park

② school

③ restaurant

④ pharmacy

 해설

남자가 여자에게 김밥을 주문하고 있기 때문에 이곳은 식당이다. 따라서 정답은 ③번이다.

The man is ordering gimbap from the woman, so this place is a restaurant. Therefore, the correct answer is ③.

 주제

주문하기 ordering

 어휘

김밥 gimbap | 잠깐만 wait a minute | 기다리다 wait

8.

여자: 사과가 얼마예요?
Woman: How much are the apples?
남자: 세 개에 오천 원이에요.
Man: They are 5,000 won for three.

① 서점
② 공원
③ 약국
❹ **시장**

① bookstore
② park
③ pharmacy
④ market

 해설

여자가 남자에게 사과가 얼마인지 물어보고 남자는 세 개에 오천 원이라고 말하고 있기 때문에 이곳은 시장이다. 따라서 정답은 ④번이다.

The woman is asking the man how much the apples are, and the man replies that they are 5,000 won for three. Therefore, this place is a market. So, the correct answer is ④.

 주제

가격 묻기 asking for a price

 어휘

얼마예요? How much is it? | 세 개에 for three

9.

남자: 이 편지를 보내고 싶은데요.
Man: I want to send this letter.
여자: 네, 어디에 보내실 거예요?
Woman: Sure, where would you like to send it?

❶ **우체국**
② 백화점
③ 여행사
④ 도서관

① post office
② department store
③ travel agency
④ library

 해설

남자가 여자에게 편지를 보내고 싶다고 말하고 여자는 어디에 보낼 것인지 물어보고 있기 때문에 이곳은 우체국이다. 따라서 정답은 ①번이다.

The man expresses his desire to send a letter and the woman asks where it should be sent. This place is a post office. Therefore, the correct answer is ①.

 주제

공공 시설 이용 asking for price

 어휘

편지 letter | 보내다 send

10.

여자: 이 운동화를 신어 봐도 돼요?
Woman: Can I try on these sneakers?
남자: 이쪽으로 오세요, 손님.
Man: Please come this way, customer.

① 도서관
② 여행사
③ 운동장
④ **백화점**

① library
② travel agency
③ stadium
④ department store

 해설

여자가 남자에게 운동화를 신어 봐도 되는지 질문하고 남자는 여자에게 손님이라고 대답했기 때문에 이곳은 백화점이다. 따라서 정답은 ④번이다.

The woman is asking the man if she can try on the sneakers, and the man is addressing her as a customer, so this place is a department store. Therefore, the correct answer is ④.

 주제

요청하기 | making a request

 어휘

운동화 sneakers | 신어 보다 try on | 이쪽 this way
손님 customer

[11-14] 화제 고르기
Determining the Topic

11.

남자: 어디에 **살아요**?
Man: Where do you live?
여자: 저는 학교 근처 아파트에 **살아요**.
Woman: I live in an apartment near the school.

① **집**
② 일
③ 옷
④ 값

① house
② work
③ clothes
④ value

 해설

두 사람은 어디에 사는지 이야기하고 있다. 따라서 정답은 ①번이다.

The two people are discussing where they live. Therefore, the correct answer is ①.

 주제

일상적인 질문하기 | asking everyday questions

 어휘

살다 live | 근처 near | 아파트 apartment

12.

여자: **시간이 있을 때** 무엇을 해요?
Woman: What do you do when you have time?
남자: 영화를 봐요.
Man: I watch movies.

① 장소
② 친구
③ 방학
④ **취미**

① place
② friend
③ vacation
④ hobby

두 사람은 시간이 있을 때 무엇을 하는지 이야기하고 있다. 따라서 정답은 ④번이다.

The two people are discussing what they do when they have time. Therefore, the correct answer is ④.

 주제

일상 묻기 asking about daily life

 어휘

시간이 있다 have time | 영화 movie

13.

> 남자: 회사에 어떻게 가요?
> Man: How do you get to the company?
> 여자: 지하철로 가요. 가끔 택시를 타요.
> Woman: I go by subway. Sometimes I take a taxi.

① 음식
❷ 교통
③ 직업
④ 운동

① food
② transportation
③ job
④ exercise

 해설

두 사람은 회사에 어떻게 가는지 교통수단을 이야기하고 있다 따라서 정답은 ②번이다.

The two people are discussing how to get to the company, talking about modes of transportation. Therefore, the correct answer is ②.

 주제

교통 수단 modes of transportation

 어휘

회사 company | 지하철 subway | 택시 taxi
가끔 sometimes | 타다 get on

14.

> 여자: 오후에 비가 올 것 같아요.
> Woman: It looks like it's going to rain in the
>   afternoon.
> 남자: 네, 우산을 가지고 가세요.
> Man: Yes, take an umbrella with you.

① 약속
② 나라
③ 고향
❹ 날씨

① appointment
② country
③ hometown
④ weather

 해설

두 사람은 비가 올 것 같은 날씨에 대해 이야기하고 있다. 따라서 정답은 ④번이다.

The two people are discussing the weather, which seems like it might rain. Therefore, the correct answer is ④.

 주제

날씨 weather

 어휘

오후 afternoon | 비가 오다 rain
우산 umbrella | 가지고 가다 go with

[15-16] 일치하는 그림 고르기
Choosing the Corresponding Image

15.

남자: 뭘 드릴까요? 손님.
Man: What can I get for you, customer?
여자: 어제부터 계속 머리가 아파서요.
Woman: My head has been hurting since yesterday.

✓ 해설

남자는 여자에게 손님이라고 말했고 여자는 어제부터 머리가 아프다고 말하고 있기 때문에 약국에 있는 상황이다. 따라서 정답은 ①번이다.

The man is addressing the woman as a customer, and the woman is saying that her head has been hurting since yesterday, so this is a situation at a pharmacy. Therefore, the correct answer is ①.

✓ 주제

약국 방문하기 visiting a pharmacy

✓ 어휘

손님 customer | 계속 continuously

16.

여자: 잠깐만요. 식당에 모자를 놓고 온 것 같아요.
Woman: Wait a minute. I think I left my hat in the restaurant.
남자: 그럼 같이 들어가서 찾아볼까요?
Man: Then shall we go in together and look for it?

✓ 해설

여자는 남자에게 식당에 모자를 놓고 온 것 같다고 말했고 남자는 같이 들어가서 찾아보자고 했기 때문에 식당 밖에 있는 상황이다. 따라서 정답은 ②번이다.

The woman tells the man that she thinks she left her hat in the restaurant, and the man suggests they go in together to look for it, so they are outside the restaurant. Therefore, the correct answer is ②.

✓ 주제

문제 해결 problem solving

✓ 어휘

모자 hat | 놓다 put | 같이 together
찾아보다 look for

[17~21] 일치하는 내용 고르기
Choosing the matching content

17.

> 여자: 내일 저녁 콘서트 표가 두 장 있는데 같이
> 갈래요?
> Woman: I have two concert tickets for tomorrow
> evening, would you like to go with me?
> 남자: 미안해요. 내일 저녁에 약속이 있어요.
> Man: I'm sorry. I have an appointment tomorrow
> evening.
> 여자: 괜찮아요. 다른 친구한테 전화해 볼게요.
> Woman: That's okay. I'll call another friend.

① 남자는 여자에게 전화를 했습니다.
② 여자는 콘서트 표가 세 장 있습니다.
③ 남자는 내일 저녁에 약속이 있습니다.
④ 여자는 다른 친구하고 콘서트에 갔습니다.

① The man called the woman.
② The woman has three concert tickets.
③ The man has an appointment tomorrow evening.
④ The woman went to the concert with another
friend.

 해설

여자는 내일 저녁에 콘서트 표가 있어서 같이 가자고
했지만 남자는 다른 약속이 있어서 갈 수 없다고 말하
고 있다. 따라서 정답은 ③번이다.

The woman has concert tickets for tomorrow evening
and asks if he would like to go, but the man says
he can't because he has another appointment.
Therefore, the correct answer is ③.

 주제

제안하기 | making a proposal

 어휘

콘서트 표 concert ticket

약속이 있다 have an appointment
다르다 different

18.

> 남자: 어제 등산 갔지요? 어땠어요?
> Man: You went hiking yesterday, right? How was
> it?
> 여자: 비가 와서 등산을 못 갔어요. 그래서 집에서
> 쉬었어요.
> Woman: I couldn't go hiking because it was
> raining. So, I rested at home.
> 남자: 그럼 주말에 바쁘지 않으면 저하고 같이
> 갈까요?
> Man: Then, if you're not busy this weekend,
> would you like to go with me?
> 여자: 좋아요. 같이 갑시다.
> Woman: Sure, let's go together.

① 남자는 주말에 바쁩니다.
② 여자는 어제 집에서 쉬었습니다.
③ 남자는 비 오는 날씨를 좋아합니다.
④ 여자는 남자와 같이 등산을 갔습니다.

① The man is busy on the weekend.
② The woman rested at home yesterday.
③ The man likes rainy weather.
④ The woman went hiking with the man.

 해설

남자는 여자에게 어제 등산을 다녀왔는지 물었고 여자
는 비가 와서 등산을 못 갔고 집에서 쉬었다고 말하고
있다. 따라서 정답은 ②번이다.

The man asks the woman if she went hiking
yesterday, and the woman says she couldn't go
because it was raining and she rested at home.
Therefore, the correct answer is ②.

 주제

일상 묻기 asking about daily life

등산 climbing | 쉬다 take a day
주말 weekend | 바쁘다 be busy

19.

> 여자: 실례합니다. 혹시 서울미술관이 어디인지
> 아세요?
> Woman: Excuse me, do you happen to know
> where the Seoul Art Museum is?
> 남자: 저도 잘 모르겠는데요. 저 우체국 건물에
> 관광 안내소가 있으니까 가서 물어보세요.
> Man: I'm not sure either. There's a tourist
> information center in that post office
> building, you should ask there.
> 여자: 감사합니다. 관광 안내소가 1층에 있나요?
> Woman: Thank you. Is the tourist information
> center on the first floor?
> 남자: 네, 맞아요. 거기에서 잘 설명해 주실 거예요.
> Man: Yes, that's right. They will explain it well
> there.

① 여자는 지금 미술관에 있습니다.
② 남자는 우체국에서 일하고 있습니다.
❸ 남자는 미술관의 위치를 잘 모릅니다.
④ 여자는 남자와 함께 관광을 할 겁니다.

① The woman is currently at the art museum.
② The man is working at the post office.
❸ The man doesn't know the location of the art
museum well.
④ The woman will go sightseeing with the man.

 해설

여자는 남자에게 미술관의 위치를 물어봤지만 남자는
모르고 있다. 그래서 미술관의 위치를 안내해 줄 수 있
는 관광 안내소를 말해 주고 있다. 따라서 정답은 ③번
이다.

The woman asks the man about the location of the
art museum, but he doesn't know. So he suggests
visiting a tourist information center that can provide

directions to the art museum. Therefore, the correct
answer is ③.

 주제

장소 위치 묻기 asking about location

 어휘

실례합니다 excuse me | 혹시 by any chance
우체국 post office | 건물 building
관광 안내소 tourism guide
1층 1st floor | 설명하다 explain

20.

> 남자: 졸업식이 11시지요? 지금 출발할까요?
> Man: The graduation ceremony is at 11 o'clock,
> right? Shall we leave now?
> 여자: 그래요. 택시 타고 갈 거지요?
> Woman: Yes. We're going to take a taxi, right?
> 남자: 택시를 타면 막힐 것 같아요. 학교 주변에
> 차도 많을 것 같고요.
> Man: I think it will be congested if we take a taxi.
> There will probably be a lot of cars around
> the school as well.
> 여자: 그럼 지하철 타고 가요.
> Woman: Then let's take the subway.

① 남자는 열한 시에 출발할 겁니다.
② 여자는 혼자 졸업식에 갈 겁니다.
❸ 남자는 졸업식에 지하철로 갈 겁니다.
④ 여자는 학교에 갈 때 택시를 탈 겁니다.

① The man will leave at eleven o'clock.
② The woman will go to the graduation ceremony
alone.
❸ The man will go to the graduation ceremony by
subway.
④ The woman will take a taxi to school.

 해설

남자와 여자는 졸업식에 가려고 한다. 택시로 가면 막

힐 것 같기 때문에 지하철로 가자고 말하고 있다. 따라서 정답은 ③번이다.

The man and woman are planning to go to the graduation ceremony. They suggest taking the subway because they think it would be congested if they took a taxi. Therefore, the correct answer is ③.

 주제

교통 수단 묻기 asking about transportation

 어휘

졸업식 graduation ceremony | 출발하다 depart
막히다 jammed | 주변 surroundings

21.

> 여자: 어제 이 바지를 샀는데 너무 커서
> 교환하려고요.
> Woman: I bought these pants yesterday, but
> they're too big so I want to exchange
> them.
> 남자: 네, 영수증은 가지고 오셨지요?
> Man: Yes, did you bring the receipt?
> 여자: 여기 있습니다. 한 사이즈 작은 걸로 바꿔
> 주세요.
> Woman: Here it is. Please exchange it for a
> smaller size.
> 남자: 네, 잠깐만 기다려 주세요.
> Man: Yes, please wait a moment.

① **여자는 어제 바지를 샀습니다.**
② 남자는 지금 옷을 사고 싶어 합니다.
③ 여자는 옷이 작아서 바꾸려고 왔습니다.
④ 남자는 여자와 같이 옷 가게에 갔습니다.

① The woman bought pants yesterday.
② The man wants to buy clothes now.
③ The woman came to change because the clothes are small.
④ The man went to the clothing store with the woman.

 해설

여자는 어제 바지를 샀는데 너무 커서 옷가게에 왔다. 그리고 남자에게 한 사이즈 작은 걸로 바꿔달라고 말하고 있다. 따라서 정답은 ①번이다.

The woman came to the clothing store because she bought pants yesterday that are too big. She is asking the man to change them to a size smaller. Therefore, the correct answer is ①.

 주제

옷 교환하기 Exchanging clothes

 어휘

교환하다 make an exchange | 영수증 receipt
사이즈 size | 바꿔 주다 put on

[22~24] 중심 생각 고르기
Choosing the Central Idea

22.

> 여자: 민수 씨, 음악을 들으며 걷고 있었군요.
> 제가 여러 번 불렀는데.
> Woman: Minsu, you were walking while listening
> to music. I called you several times.
> 남자: 그랬어요? 미안해요. 저는 걸을 때 음악
> 듣는 걸 좋아해서요.
> Man: Did you? I'm sorry. I like listening to music
> when I walk.
> 여자: 그러면 위험하지 않아요? 다른 소리를
> 못 들을 수 있잖아요.
> Woman: Isn't that dangerous? You might not be
> able to hear other sounds.
> 남자: 네, 작은 소리로 들어야겠어요.
> Man: Yes, I should listen at a low volume.

① 음악은 큰 소리로 듣는 게 좋습니다.
② 좋아하는 음악을 자주 듣고 싶습니다.

③ 다른 사람이 말할 때 잘 들어야 합니다.
④ 길을 걸을 때 음악을 듣는 것은 위험합니다.

① It's better to listen to music loudly.
② I want to listen to my favorite music often.
③ You should listen well when others are speaking.
④ Listening to music while walking can be dangerous.

 해설

여자는 남자가 음악을 들으면서 걷는 것은 다른 소리를 못 들을 수 있기 때문에 위험하다고 말하고 있다. 따라서 정답은 ④번이다.

The woman tells the man that it's dangerous to walk while listening to music because he might not be able to hear other sounds. Therefore, the correct answer is ④.

 주제

충고하기| giving advice

 어휘

걷다 walk | 여러 번 many times | 부르다 call
그러면 then | 위험하다 dangerous

23.

> 남자: 수미 씨, 아침마다 자전거를 타고 회사에
> 　　　오세요? 집이 가까워요?
> Man: Sumi, do you ride your bike to work every
> 　　　morning? Is your house close?
> 여자: 자전거로 오면 한 시간쯤 걸려요.
> Woman: It takes about an hour by bike.
> 남자: 아침부터 자전거를 타면 힘들지 않아요?
> Man: Isn't it hard to ride a bike from the morning?
> 여자: 괜찮아요. 운동도 되고 교통비도 아낄 수
> 　　　있어서 좋아요.
> Woman: It's okay. I like it because I can exercise
> 　　　and save on transportation costs.

① 교통이 편한 곳에서 사는 게 좋습니다.
② 운동을 하기 위해서 자전거를 사야 합니다.

③ 자전거로 회사를 다니면 좋은 점이 많습니다.
④ 자전거를 오래 타면 회사에서 일할 때 힘듭니다.

① It's good to live in a place with convenient transportation.
② You need to buy a bike for exercise.
③ There are many benefits to commuting to work by bicycle.
④ If you ride a bike for a long time, it's hard to work at the office.

 해설

남자는 여자가 자전거를 타고 회사에 오는 것이 힘들지 않은지 질문하고 있고 여자는 운동도 되고 교통비도 아낄 수 있는 좋은 점이 많이 있다고 말하고 있다. 따라서 정답은 ③번이다.

The man is asking the woman if it's not hard for her to ride her bike to work, and the woman says there are many benefits, such as getting exercise and saving on transportation costs. Therefore, the correct answer is ③.

 주제

교통 수단 묻기 asking about transportation

 어휘

자전거 bicycle | 타다 get on
가깝다 close | (시간) 걸리다 take time
교통비 transportation fee | 아끼다 save

24.

> 여자: 왜 이렇게 음식을 많이 만들어요? 손님이 와요?
>
> Woman: Why are you making so much food? Do you have guests coming?
>
> 남자: 아니요, 음식은 부족하지 않게 많이 하면 좋으니까요.
>
> Man: No, I just think it's better to have plenty of food than not enough.
>
> 여자: 그래도 요리할 때 적당하게 하는 게 좋지요. 다 못 먹으면 쓰레기가 되는데요.
>
> Woman: Still, it's better to cook in moderation. If you can't finish it all, it becomes waste.
>
> 남자: 알겠어요. 미리 준비한 재료만 쓸게요.
>
> Man: Okay, I'll just use the ingredients I've prepared in advance.

① 음식 쓰레기를 잘 버리는 것이 중요합니다.

② 손님을 위해서 음식을 많이 만들고 싶습니다.

③ 요리할 때 너무 많이 만들지 않는 게 좋습니다.

④ 요리를 하기 전에 재료를 미리 준비해야 합니다.

① It's important to dispose of food waste properly.

② I want to make a lot of food for the guests.

③ It's better not to cook too much when cooking.

④ You should prepare the ingredients before cooking.

 해설

여자는 남자가 음식을 너무 많이 만드는 것을 보고 요리할 때 적당하게 만드는 게 좋다고 말하고 있다. 따라서 정답은 ③번이다.e

The woman sees the man making too much food and says that it's better to cook moderately. Therefore, the correct answer is ③.

 주제

충고하기 | giving advice

 어휘

손님 customer | 부족하다 insufficient

적당하다 adequate | 쓰레기 garbage

미리 in advance | 준비하다 get ready

재료 material

[25~26] 화자의 의도 고르기 / 일치하는 내용 고르기
Identifying the Speaker's Intention / Choosing the Matching Content

> 여자: 잠시 안내 말씀드리겠습니다. 오늘과 내일, 이틀 동안 우리 학교에서 무료로 영화를 보여드립니다. 영화는 운동장에서 저녁 7시에 시작합니다. 저녁에는 조금 쌀쌀할 수 있으니 두꺼운 옷을 준비하시기 바랍니다. 간단한 과자와 음료수도 준비됩니다. 여러분의 많은 참여 바랍니다. 감사합니다.
>
> Woman: Let me briefly inform you. Today and tomorrow, for two days, we will be showing movies for free at our school. The movie starts at 7 p.m. in the sports field. It might be a bit chilly in the evening, so please prepare warm clothes. Simple snacks and drinks will also be provided. We hope for your active participation. Thank you.

25.

① 영화관의 위치를 설명하려고

② 영화 내용에 대해 소개하려고

③ 학교 행사의 이유를 말해 주려고

④ 무료 영화 관람에 대해 안내하려고

① To explain the location of the cinema

② To introduce the content of the movie

③ To explain the reason for the school event

④ To guide about free movie viewing

해설

여자는 학교에서 무료로 영화를 보여주는 행사에 대해 안내하고 있다. 따라서 정답은 ④번이다.

The woman is providing information about a school event where movies are shown for free. Therefore, the correct answer is ④.

26.

① 요즘 저녁에는 날씨가 덥습니다.

② 행사에서 음식을 먹을 수 있습니다.

③ 행사에 참여하면 두꺼운 옷을 줍니다.

④ 일주일 전부터 이 행사를 하고 있습니다.

① The weather is hot in the evening these days.

② You can eat food at the event.

③ If you participate in the event, you will receive thick clothes.

④ This event has been going on since a week ago.

 해설

무료 영화 관람 행사에서는 간단한 과자와 음료수가 준비되어 있다. 따라서 정답은 ②번이다.

At the free movie viewing event, simple snacks and drinks are provided. Therefore, the correct answer is ②.

 주제

안내 방송 announcement broadcast

 어휘

잠시 for a moment

안내 말씀 an announcement | 이틀 two days

무료 for free | 쌀쌀하다 chilly | 두껍다 thick

간단하다 simple | 과자 snacks | 음료수 drink

참여 바라다 ask for participation

[27~28] 화제 고르기 / 일치하는 내용 고르기
Determining the Topic / Choosing the Matching Content

> 남자: 수미 씨, 케이크를 만들고 있네요.
> Man: Sumi, you're making a cake.
>
> 여자: 네, 친구 생일이라서 친구한테 선물하려고 요.
> Woman: Yes, it's my friend's birthday, so I'm planning to give it as a gift.
>
> 남자: 대단하네요. 직접 만들어서 주면 친구가 정말 좋아하겠어요.
> Man: That's impressive. Your friend will really appreciate it if you make it yourself.
>
> 여자: 그런데 사실 케이크를 만드는 것이 처음이라서 좀 걱정이에요.
> Woman: But actually, this is my first time making a cake, so I'm a bit worried.
>
> 남자: 걱정하지 마세요. 수미 씨의 마음을 친구도 잘 알 거예요.
> Man: Don't worry. Your friend will understand your feelings well.
>
> 여자: 네, 저도 친구 마음에 들면 좋겠어요.
> Woman: Yes, I hope my friend likes it too.

27.

① 만들고 싶은 케이크

② 친구를 위한 케이크

③ 인기 있는 케이크 종류

④ 케이크를 선물하는 방법

① The cake she wants to make

② A cake for her friend

③ Popular types of cakes

④ How to gift a cake

해설

두 사람은 친구 생일을 위해서 만드는 케이크에 대해 이야기하고 있다. 따라서 정답은 ②번이다.

The two people are talking about a cake being made for a friend's birthday. Therefore, the correct answer is ②.

28.

① 여자는 케이크를 처음 만듭니다.

② 남자는 케이크를 좋아하지 않습니다.

③ 남자는 여자에게 케이크를 선물했습니다.

④ 여자는 생일 선물로 케이크를 받았습니다.

① The woman is making a cake for the first time.

② The man doesn't like cake.

③ The man gave the woman a cake as a gift.

④ The woman received a cake as a birthday present.

 해설

여자는 케이크를 만드는 것이 처음이라서 좀 걱정이라고 말했다. 따라서 정답은 ①번이다.

The woman said that she is worried because this is her first time making a cake. Therefore, the correct answer is ①.

 주제

일상 대화 everyday conversation

 어휘

선물하다 present a gift | 대단하다 amazing
직접 directly | 걱정하다 worry
마음에 들다 win a favor of~

[29~30] 화자의 의도 고르기 / 일치하는 내용 고르기
Identifying the Speaker's Intention / Choosing the Matching Content

여자: 선생님, 이번에 아이들을 위한 그림책을 쓰셨지요?

Woman: Teacher, you wrote a picture book for children this time, right?

남자: 네. 제가 오랫동안 학교에서 아이들을 가르쳤는데요. 아이들이 수업 시간에 그린 그림들을 보고 제 생각을 함께 적은 책입니다.

Man: Yes. I've been teaching children at school for a long time. It's a book where I wrote down my thoughts while looking at the pictures that the children drew during class.

여자: 그렇군요. 특별히 아이들의 그림책을 만드신 이유가 있을까요?

Woman: I see. Is there a particular reason why you decided to create a picture book for children?

남자: 아이들의 그림에는 아이들의 생각이 담겨 있어요. 그림에 대해 아이들과 이야기를 나누면 아이들을 더 잘 이해할 수 있기 때문이지요.

Man: Children's drawings contain their thoughts. I wanted to better understand the children by discussing their drawings with them.

여자: 아이들도 이 책을 보고 좋아하나요?

Woman: Do the children like this book as well?

남자: 물론이지요. 자신이 그린 그림이 책으로 나오니 매우 좋아하더라고요.

Man: Of course. They were very happy to see their own drawings in a book.

29.

① 수업 시간에 도움이 되고 싶어서
② 아이들을 더 잘 이해하고 싶어서
③ 그림책을 만들면 기분이 좋아져서
④ 아이들에게 책을 읽어 주고 싶어서

① Because he wanted to be helpful during class time
② Because he wanted to understand the children better
③ Because making a picture book makes him feel good
④ Because he wanted to read books to the children

 해설

남자는 아이들의 그림에는 아이들의 생각이 담겨 있고, 그림에 대해 이야기를 나누면 아이들을 더 잘 이해할 수 있기 때문에 아이들과 함께 그림책을 만들었다고 말했다. 따라서 정답은 ②번이다.

The man said that he made a picture book with the children because their drawings contain their thoughts, and discussing these drawings allows him to better understand the children. Therefore, the correct answer is ②.

30.

① 남자는 올해 선생님이 되었습니다.
② 남자는 학교에서 아이들을 가르칩니다.
③ 남자는 그림책에 아이들의 모습을 그렸습니다.
④ 남자는 어릴 때부터 그림 그리기를 좋아했습니다.

① The man became a teacher this year.
② The man teaches children at school.
③ The man drew the children's figures in the picture book.
④ The man has liked drawing since he was young.

 해설

남자는 학교에서 오랫동안 아이들을 가르치고 있다고 말했다. 따라서 정답은 ②번이다.

The man said that he has been teaching children at school for a long time. Therefore, the correct answer is ②.

 주제

인터뷰 interview

 어휘

오랫동안 for a long time
적다 write | 특별히 especially
생각이 담겨 있다 have a thought
이야기를 나누다 have a conversation
이해하다 understand | 자신 oneself
책으로 나오다 come out in a book

• 읽기 (31~70번) 정답

31	④	32	②	33	②	34	①	35	③
36	③	37	④	38	③	39	③	40	①
41	②	42	③	43	③	44	②	45	①
46	①	47	②	48	③	49	①	50	④
51	①	52	③	53	①	54	①	55	④
56	④	57	③	58	①	59	③	60	①
61	②	62	④	63	②	64	③	65	③
66	③	67	①	68	①	69	④	70	③

[31~33] 화제 고르기
Selecting the Topic

31.

 해설

사과와 수박은 과일이다. 과일에 대해 이야기하고 있다. 따라서 정답은 ④번이다.

Apples and watermelons are fruits. This passage is about fruits. Therefore, the correct answer is ④.

주제

사과 apple | 수박 watermelon

어휘

가방 bag

32.

 해설

아버지, 어머니, 오빠는 가족이다. 가족에 대해 말하고 있다. 따라서 정답은 ②번이다.

Father, mother, and older brother are family. This passage is about family. Therefore, the correct answer is ②.

 어휘

아버지 father | 어머니 mother
오빠 older brother

33.

 해설

토요일과 일요일은 주말이다. 주말에 대해 이야기하고 있다. 따라서 정답은 ②번이다.

Saturday and Sunday are the weekend. This passage is about the weekend. Therefore, the correct answer is ②.

어휘

토요일 Saturday | 일요일 Sunday | 학교 school
집 house | 쉬다 take a day

[34~39] 빈칸에 알맞은 말 고르기
Choosing the Appropriate Word for the Blank

34.

 해설

백화점에서 할 수 있는 일 중 '가방'으로 할 수 있는 일을 고르면 된다. 따라서 정답은 ①번이다.

Among the things you can do at a department store, you should choose the one that can be done with a 'bag'. Therefore, the correct answer is ①.

어휘

백화점 department store | 가방 bag | 사다 buy
타다 get on | 먹다 eat | 보내다 send off

35.

 해설

단어를 모를 때 할 수 있는 일을 고르면 된다. 따라서 정답은 ③번이다.

You should choose what you can do when you don't know a word. Therefore, the correct answer is ③.

 어휘

단어 word | 사전 dictionary | 찾다 look for
안경 glasses | 수박 watermelon | 지갑 wallet

36.

 해설

커피숍에서 친구와 이야기하기 전에 무엇을 먼저 해야 하는지 고르면 된다. 따라서 정답은 ③번이다.

You should choose what you need to do first before talking with a friend at a coffee shop. Therefore, the correct answer is ③.

 어휘

커피숍 coffee shop | 친구 friend
이야기하다 have a conversation
읽다 read | 입다 put on | 만나다 meet | 받다 receive

37.

 해설

회사에서 일이 많을 때 어떤지 고르면 된다. 따라서 정답은 ④번이다.

You should choose what it's like when there's a lot of work at the company. Therefore, the correct answer is ④.

어휘

회사 company | 일 work | 많다 plentiful, many
너무 too | 싸다 cheap | 크다 big | 좋다 that's nice
바쁘다 be busy

38.

해설

'맛있다'를 더 설명할 수 있는 부사 '제일'을 고르면 된다. 따라서 정답은 ③번이다.

You should choose the adverb '제일(the most)' that can further describe '맛있다(delicious)'. Therefore, the correct answer is ③.

어휘

한국 음식 Korean food | 좋아하다 to like
떡볶이 tteokbokki | 맛있다 delicious | 아까 right before 벌써 already | 제일 first | 빨리 quickly

39.

 해설

회사에서 집까지의 시간을 이야기하고 있다. 기간을 니타내는 '까지'를 고르면 된다. 따라서 정답은 ③번이다.

The content is about the time from the office to home. You should choose '까지', which indicates the period. Therefore, the correct answer is ③.

 어휘

회사 company | 집 house
(시간이) 걸리다 take (time) | 의 of | 과 and
까지 until, to | 에게 to

[40~42] 일치하지 않는 내용 고르기
Choosing the Non-matching Content

40.

한국 떡 만들기 수업

언제: 매주 토요일 오후 1시
어디: 인주 초등학교

① **한국 떡을 팝니다.** (→만듭니다.)
② 토요일에 떡을 만듭니다.
③ 수업은 오후 한 시에 있습니다.
④ 인주 초등학교에서 수업을 듣습니다.

① They sell Korean rice cakes. (→They make them.)
② They make rice cakes on Saturdays.
③ The class is at one in the afternoon.
④ The class is held at Inju Elementary School.

 해설

한국 떡 만들기 수업은 매주 토요일 오후 1시에 인주 초등학교에서 한다. 떡을 팔지는 않는다. 따라서 정답은 ①번이다.

The Korean rice cake making class is held every Saturday at 1 PM at Inju Elementary School. They do not sell rice cakes. Therefore, the correct answer is ①.

어휘

떡 rice cake | 수업 class | 언제 when
어디 where | 팔다 sell | 듣다 listen to

41.

① 주차장이 두 개 있습니다.
② **화장실은 모두 네 개 있습니다.** (→ 화장실은 세 개)
③ 미술관 옆에 동물원이 있습니다.
④ 놀이공원 앞에 화장실이 있습니다.

① There are two parking lots.
② There are four restrooms in total. (→There are three restrooms.)
③ There is a zoo next to the art museum.
④ There is a restroom in front of the amusement park.

해설

그림에는 놀이공원, 미술관, 동물원이 있다. 화장실은 3개, 주차장은 양쪽에 2개가 있다. 따라서 정답은 ②번이다.

The picture shows an amusement park, an art museum, and a zoo. There are three restrooms and two parking lots on both sides. Therefore, the correct answer is ②.

어휘

주차장 parking lot | 화장실 restroom
미술관 art museum | 동물원 zoo
놀이공원 amusement park

42.

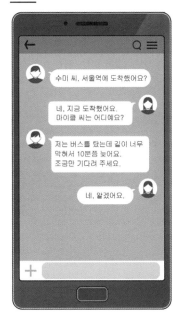

① 수미 씨는 마이클 씨를 기다릴 겁니다.
② 마이클 씨는 지금 서울역에 가고 있습니다.
③ **수미 씨는 길이 막혀서 늦게 도착할 겁니다.** (→ 마이클 씨)
④ 마이클 씨는 서울역에서 수미 씨를 만납니다.

① Sumi will wait for Michael.
② Michael is on his way to Seoul Station now.
③ Sumi will arrive late because the road is blocked. (→Michael)

④ Michael will meet Sumi at Seoul Station.

 해설

마이클 씨가 길이 막혀서 약속 시간에 도착할 수 없다는 메시지이다. 따라서 정답은 ③번이다.

This is a message that Michael might not be able to arrive on time due to traffic. Therefore, the correct answer is ③.

 어휘

서울역 Seoul Station | 도착하다 arrive
버스를 타다 get on a bus
길이 막히다 be stuck in traffic
늦다 be late | 기다리다 wait

[43~45] 일치하는 내용 고르기
Choosing the Matching Content

43.

> 우리 학교 기숙사는 편리합니다. 기숙사 1층에 편의점과 식당이 있습니다. 지하 1층에 세탁기도 있어서 빨래를 할 수 있습니다.
> Our school dormitory is convenient. There are a convenience store and a restaurant on the first floor of the dormitory. There is also a washing machine on the basement floor, so you can do laundry.

① 학교 기숙사가 불편합니다. (→ 편리합니다)
② 학교 기숙사에 편의점이 없습니다. (→ 있습니다)
③ **학교 기숙사 일 층에서 식사를 합니다.**
④ 학교 기숙사 일 층에 세탁기가 있습니다. (→ 지하 일 층에)

① The school dormitory is inconvenient. (→ It's convenient)
② There is no convenience store in the school dormitory. (→ There is)

③ You eat on the first floor of the school dormitory.
④ There is a washing machine on the first floor of the school dormitory. (→ It's in the basement)

 해설

기숙사의 시설에 대해 이야기하고 있다. 기숙사 1층에 식당이 있다. 따라서 정답은 ③번이다.

The text talks about the facilities in the dormitory. There is a dining room on the first floor of the dormitory. Therefore, the correct answer is ③.

 어휘

편리하다 convenient | 편의점 convenience store
식당 dining room | 세탁기 washing machine
빨래 laundry

44.

> 인사동에 김치 박물관이 있습니다. 여기에서 여러 가지 김치를 구경할 수 있습니다. 김치를 만들어 볼 수도 있어서 외국인이 많이 옵니다.
> There is a Kimchi Museum in Insadong. Here, you can see various types of kimchi. You can also try making kimchi, so many foreigners come here.

① 박물관은 인사동에서 멉니다.
❷ **박물관에서 김치를 볼 수 있습니다.** (→ 보다: 구경하다)
③ 박물관에서 김치를 만들 수 없습니다.
④ 박물관은 외국인에게 인기가 없습니다.

 해설

김치 박물관에 대해 이야기하고 있다. 박물관에서 여러 가지 김치를 구경할 수 있다. 따라서 정답은 ②번이다.
The text talks about the Kimchi Museum. At the museum, you can look around at various types of kimchi. Therefore, the correct answer is ②.

박물관 museum | 인사동 Insadong | 멀다 far away
여러 가지 various | 구경하다 look around
만들다 make | 외국인 foreigner | 인기 popularity

45.

> 평일은 학교에 가기 때문에 집안일을 할 수 없습니다. 그래서 주말에 청소를 합니다. 청소가 힘들지만 깨끗해진 집을 보면 기분이 좋습니다.
>
> I can't do housework on weekdays because I go to school. So, I clean on the weekends. Cleaning is hard, but I feel good when I see the house clean.

① 저는 청소한 후에 기분이 좋습니다.
② 저는 주말에 집안일을 하지 않습니다. (→ 주말에 청소를 함)
③ 저는 청소를 매일 해서 집이 깨끗합니다. (→ 청소는 주말에 함)
④ 저는 평일에 학교도 가고 집안일도 합니다. (→ 평일은 학교에 가기 때문에 집안일을 할 수 없음)

① I feel good after cleaning.
② I don't do housework on weekends. (→I clean on weekends.)
③ I clean every day so the house is clean. (→I clean on weekends.)
④ On weekdays, I go to school and also do housework. (→I can't do housework on weeekdays because I go to school.)

 해설

집안일에 대해 이야기하고 있다. 청소는 힘들지만 깨끗해져서 기분이 좋다. 따라서 정답은 ①번이다.

This passage is talking about housework. For the speaker, cleaning is tough but it feels good to see the house clean. Therefore, the correct answer is ①.

평일 weekday | 집안일 housework
청소하다 clean up | 힘들다 hard
깨끗하다 be clean | 기분 feeling

[46~48] 중심 내용 고르기
Choosing the Central Content

46.

> 저는 요리 학원에 다닙니다. 일 년이나 요리를 배웠지만 아직 잘 못합니다. 빨리 요리를 잘 해서 어머니에게 음식을 만들어 주고 싶습니다.
>
> I attend a cooking school. I've been learning to cook for a year, but I'm still not good at it. I want to quickly become good at cooking and make food for my mother.

① 요리를 잘 하고 싶습니다.
② 요리 학원에 다니면 좋겠습니다. (→ 요리 학원에 다닙니다)
③ 어머니가 집에서 요리를 할 겁니다.
④ 어머니에게 요리를 배우고 싶습니다. (→ 음식을 만들어 주고 싶습니다)

① I want to be good at cooking.
② It would be nice to attend a cooking school. (→I attend a cooking school.)
③ My mother will cook at home.
④ I want to learn cooking from my mother. (→I want to make food for my mother.)

 해설

요리 학원에 다니지만 잘 못한다. 하지만 요리를 잘 하고 싶다고 한다. 따라서 정답은 ①번이다.

The text talks about attending a cooking school but not being good at it. However, the speaker expresses the desire to become good at cooking. Therefore, the correct answer is ①.

어휘

요리 학원 cooking school | 배우다 learn
빨리 quickly

47.

> 오늘 도서관에 공부하러 갔습니다. 1층에서 공부를 했는데 사람들이 많아 조금 시끄러웠습니다. 내일은 조용한 2층에서 공부하려고 합니다.
>
> Today, I went to the library to study. I studied on the first floor, but it was a bit noisy because there were many people. Tomorrow, I plan to study on the quiet second floor.

① 도서관에서 ~~공부하고 싶습니다.~~ (→ 공부하러 갔습니다)
❷ **도서관이 조용하면 좋겠습니다.**
③ 도서관이 ~~시끄러워도 갈 겁니다.~~
④ 도서관 ~~1층은~~ 공부하기 좋습니다. (→ 2층)

① I want to study at the library. (→I went to study.)
② I wish the library was quiet.
③ Even if the library is noisy, I will go.
④ The first floor of the library is good for studying. (→second floor)

 해설

도서관에 공부하러 갔지만 시끄러워서 내일은 조용한 2층에서 공부하겠다고 한다. '-으려고 하다'는 화자의 의도를 나타낸다. 따라서 정답은 ②번이다.

The speaker went to the library to study but found it noisy, so they plan to study on the quieter second floor tomorrow. '-으려고 하다' indicates the speaker's intention. Therefore, the correct answer is ②.

 어휘

도서관 library | 공부하다 study | 사람 person
조금 a little bit | 시끄럽다 loud | 조용하다 quiet

48.

> 저는 대학교를 졸업하고 바로 취직했습니다. 2년 동안 일 때문에 해외여행을 갈 수 없었습니다. 올해 휴가에는 꼭 해외여행을 갈 겁니다.
>
> I graduated from university and got a job right away. For two years, I couldn't travel abroad because of work. This year, I will definitely go on an overseas trip during my vacation.

① 대학교를 ~~졸업하고 싶습니다.~~ (→ 졸업했습니다)
② 졸업 후에 ~~취직하면 좋겠습니다.~~ (→ 취직했습니다)
❸ **여행을 가려고 휴가를 기다립니다.**
④ ~~2년 동안~~ 해외여행을 하려고 합니다.

① I want to graduate from university. (→I graduated.)
② It would be nice to get a job after graduation. (→I got a job.)
③ I am waiting for the vacation to go on a trip.
④ I plan to travel abroad for two years.

 해설

대학 졸업 후 취직했지만 2년 동안 여행을 못 가서 올해는 여행을 갈 거라고 한다. 따라서 정답은 ③번이다.

The speaker says they got a job after graduating from university but couldn't travel for two years, so they plan to travel this year. Therefore, the correct answer is ③.

 어휘

대학교 university | 졸업 graduation
취직하다 get a job | 해외여행 overseas trip
올해 this year | 휴가 vacation

[49~50] 빈칸에 알맞은 말 고르기 / 일치하는 내용 고르기

Choosing the appropriate word for the blank /
Choosing the content that matches

49.

> 저는 지난주에 친구들과 설악산에 여행하러 갔습니다. 그런데 비가 많이 와서 산에 올라갈 수 없었습니다. (㉠) 우리는 근처 커피숍에서 커피를 마시면서 설악산에서 유명한 나뭇잎 모양의 빵을 먹었습니다. 등산은 못했지만 친구들과 비가 오는 산을 구경하는 것도 즐거웠습니다.
>
> Last week, I went on a trip to Seoraksan Mountain with my friends. However, due to heavy rain, we couldn't climb the mountain. So, we ended up at a nearby coffee shop, sipping coffee and eating a famous leaf-shaped bread from Seoraksan Mountain. Although we couldn't go hiking, it was still enjoyable to watch the rain-soaked mountain with my friends.

① 그래서
② 그러면
③ 하지만
④ 그리고

① so
② then
③ but
④ and

 해설

비가 와서 산에 올라가지 못하고 근처 커피숍에 갔다. 비가 온 것이 원인이 되었기 때문에 '그래서'가 어울린다. 따라서 정답은 ①번이다.

Because it rained, we couldn't climb the mountain and went to a nearby coffee shop instead. The word 'so' fits because the rain was the cause. Therefore, the correct answer is ①.

50.

① 혼자 여행을 갔습니다. (→ 친구들과)
② 지난주에 설악산을 ~~등산했습니다~~. (→ 비가 많이 와서 산에 올라갈 수 없었음)
③ 비가 와서 여행이 ~~재미없었습니다~~. (→ 비가 오는 산을 구경하는 것도 즐거웠음)
④ 커피숍에서 유명한 빵을 먹었습니다.

① I went on a trip alone. (→with friends)
② I climbed Mount Seorak last week. (→we couldn't climb because it rained a lot)
③ The trip was not fun because it rained. (→it was fun to watch the rain falling on the mountain)
④ I ate famous bread at a coffee shop.

 해설

이 사람은 설악산에서 유명한 나뭇잎 모양의 빵을 먹었다. 따라서 정답은 ④번이다.

The speaker ate bread shaped like leaves, which is famous in Seoraksan Mountain. Therefore, the correct answer is ④.

어휘

지난주 last week | 설악산 Seoraksan Mountain
여행하다 travel | 올라가다 going up
커피숍 coffee shop | 유명하다 famous
나뭇잎 leaves | 모양 shape | 빵 bread | 즐겁다 fun

[51~52] 빈칸에 알맞은 말 고르기 / 화제 고르기
Choosing the Appropriate Word for the Blank / Selecting the Topic

> 감자는 음식을 만들 때 많이 사용합니다. 그런데 사람들은 (㉠)도 감자를 사용합니다. 감자를 잘라서 더러운 창문이나 거울을 닦으면 깨끗해집니다. 감자로 자동차의 유리를 닦으면 쉽게 더러워지지 않습니다. 그래서 비가 오는 날에도 창밖을 잘 볼 수 있어서 운전하기 좋습니다.
>
> Potatoes are often used in cooking. But people also use potatoes when cleaning. If you cut a potato and wipe dirty windows or mirrors with it, they become clean. If you clean a car's windows with a potato, they don't get dirty easily. Therefore, even on rainy days, you can see well through the windows, which is good for driving.

51.
① 청소할 때
② 요리할 때
③ 운전할 때
④ 빨래할 때

① when cleaning (But people also use potatoes when cleaning.)
② when cooking (But people also use potatoes when cooking.)
③ when driving (But people also use potatoes when driving.)
④ when doing laundry (But people also use potatoes when doing laundry.)

 해설

감자는 음식을 만들 때도 사용하지만 청소할 때도 사용한다. 그런데 창문을 닦을 때, 유리를 닦을 때도 좋다. 이는 청소할 때 사용할 수 있다는 것을 설명하고 있다. 따라서 정답은 ①번이다.

Potatoes are used not only in cooking but also in cleaning. It is explained that they are good for wiping windows and glass, which means they can be used when cleaning. Therefore, the correct answer is ①.

52.
① 감자를 먹는 이유
② 감자를 자르는 방법
❸ 감자로 할 수 있는 일
④ 감자로 만들 수 있는 음식

① The reason for eating potatoes
② How to cut potatoes
③ What you can do with potatoes
④ Food that can be made with potatoes

 해설

감자로 할 수 있는 일에 대해 이야기하고 있다. 음식을 만들 때, 청소할 때에 대해 이야기하고 있다. 따라서 정답은 ③번이다.

The text talks about what you can do with potatoes. It discusses using them in cooking and cleaning. Therefore, the correct answer is ③.

✔ 어휘

감자 potato | 사용하다 use | 자르다 cut off
더럽다 dirty | 창문 window
거울 닦다 wipe a mirror | 유리 glass
운전하다 drive

[53~54] 빈칸에 알맞은 말 고르기 / 일치하는 내용 고르기
Choosing the Appropriate Word for the Blank / Choosing the Matching Content

> 저는 혼자서 동영상을 보고 기타를 배웠습니다. 처음에는 잘 못 쳤습니다. 그렇지만 지금은 음악을 (㉠) 바로 연주할 수 있습니다. **3년 동안 매일 연습해서 그렇습니다.** 다음 달에 저는 친구들과 공연을 할 겁니다. 멋진 기타 공연을 하고 싶습니다.
>
> I learned to play the guitar by watching videos alone. At first, I wasn't very good. However, now I can play immediately when I hear music. This is because I practiced every day for three years. Next month, I will perform with my friends. I want to put on a great guitar performance.

53.

① **들으면**
② 듣거나
③ 들었는데
④ 들으려고

① when I hear (However, now I can play immediately when I hear music.)
② listen or (But now I can listen to music or play it right away.)
③ although I listened (But now I can play it right away although I listened to music.)
④ in order to listen (But now I can play it right away to listen to music.)

 해설

음악을 듣고 바로 똑같이 연주할 수 있다고 말하고 있다. 따라서 정답은 ①번이다.

The speaker says they can play the same way immediately upon hearing music. Therefore, the correct answer is ①.

54.

① **저는 매일 기타 연습을 했습니다.**
② 저는 친구에게 기타를 배웠습니다. (→ 혼자서)
③ 저는 처음부터 기타를 잘 쳤습니다. (→ 처음에는 잘 못 쳤습니다.)
④ 저는 공연장에서 기타 공연을 할 겁니다. (→ 어디에서 공연을 하는지는 알 수 없음)

① I practiced the guitar every day.
② I learned the guitar from a friend. (→I learned alone.)
③ I played the guitar well from the beginning. (→At first, I couldn't play well.)
④ I will perform a guitar performance at a concert hall. (→It's not specified where the performance will take place.)

 해설

이 사람은 동영상으로 혼자 기타를 배웠고, 처음에는 못 쳤지만 지금은 잘 치게 되었다. 3년 동안 매일 기타 연습을 했다. 따라서 정답은 ①번이다.

The speaker learned to play the guitar alone through videos, and although they couldn't play well at first, they have improved now. They practiced playing the guitar every day for three years. Therefore, the correct answer is ①.

correct answer is ①.

[55~56] 빈칸에 알맞은 말 고르기 /
일치하는 내용 고르기
Choosing the Appropriate Word for
the Blank /
Choosing the Matching Content

다른 나라에서 들어온 과일에는 숫자가 있습니다. 그 숫자는 과일의 가격과 (㉠) 방법을 알려줍니다. 보통 3이나 4로 시작하는 과일은 병이 걸리지 않게 하려고 약으로 키웁니다. 그래서 꼭 씻어서 먹어야 합니다. 약을 주지 않고 건강하게 키운 과일은 9로 시작하는데 조금 비쌉니다.

Fruits imported from other countries have numbers on them. The number provides information about the price of the fruit and how to cultivate it. Fruits that start with a 3 or 4 are typically grown with pesticides to prevent diseases, so they must be thoroughly washed before eating. Fruits that are grown healthily without pesticides start with a 9, but they are a bit more expensive.

55.

① 먹는
② 씻는
③ 자라는
④ **키우는**

① eating
② washing
③ growing
④ cultivating (The number provides information about the price of the fruit and how to cultivate it.)

수입한 과일에 있는 숫자는 과일의 가격과 과일을 키운 방법을 알려 준다. 병에 걸리지 않게 약을 치는 경우와, 약을 주지 않고 건강하게 키운 과일의 숫자가 다르다는 말이다. 따라서 정답은 ④번이다.

The numbers on imported fruits tell you the price of the fruit and how it was grown. It mentions that there is a difference in numbers between fruits that are treated with medicine to prevent diseases and those that are grown healthily without medicine. Therefore, the correct answer is ④.

56.

① 숫자가 있는 ~~과일은 비쌉니다.~~ (→ 과일의 가격과 과일을 키우는 방법을 알려준다)
② 건강하게 키운 과일은 ~~번호가 없습니다.~~ (→ 숫자 9로 시작한다.)
③ 약으로 키운 과일은 ~~숫자 9로~~ 시작합니다. (→ 숫자 3이나 4로)
④ **과일에 있는 숫자로 가격을 알 수 있습니다.**

① Fruits with numbers are expensive. (→The numbers tell you the price of the fruit and how it was grown.)
② Fruits grown healthily do not have numbers. (→They start with the number 9.)
③ Fruits grown with medicine start with the number 9. (→They start with 3 or 4.)
④ You can know the price from the numbers on the fruit.

수입한 과일에 있는 숫자는 과일의 가격과 과일을 키운 방법을 알려 준다. 숫자가 있는 것이 비싸다는 말은 아니다. 건강하게 키운 과일은 9로 시작한다. 약으로 키운 것은 3이나 4로 시작한다. 따라서 정답은 ④번이다.

The numbers on imported fruits tell you the price of the fruit and how it was grown. It's not that fruits with numbers are expensive. Fruits that are grown healthily start with 9, and those grown with medicine start with 3 or 4. Therefore, the correct answer is ④.

어휘

들어오다 come in | 숫자 number | 가격 price
키우다 raise | 보통 in general

병에 걸리다 get sick | 약 medicine
씻다 wash up | 건강하다 be in good health
시작하다 to begin | 조금 a little bit
비싸다 expensive

[57~58] 알맞은 순서로 배열한 것 고르기
Selecting the Correctly Arranged Order

57.

> (가) 아이와 같이 놀아 주지 못해서 너무 미안했습니다.
> (나) 지금부터는 아이와 함께 즐거운 시간을 보낼 겁니다.
> (다) 그래서 저는 회사에 1년 휴가를 신청하기로 했습니다.
> (라) 요즘 저는 늦게까지 일을 해서 아이가 자는 것만 보게 됩니다.
> (가) I felt so sorry for not being able to play with my child.
> (나) From now on, I will spend enjoyable time with my child.
> (다) So, I decided to apply for a year's leave from my company.
> (라) These days, I work late into the night, so I only get to see my child sleeping.

① (가)-(라)-(다)-(나)
② (가)-(나)-(라)-(다)
❸ **(라)-(가)-(다)-(나)**
④ (라)-(나)-(가)-(다)

 해설

'그래서'와 같은 표지는 첫 문장에 어울리지 않는다. '그래서' 앞에 원인이나 이유가 될 것을 찾으면 된다. 첫 문장으로 '요즘'과 같은 표지들이 사용된다. 따라서 정답은 ③번이다.

Markers such as '그래서(so)' do not fit well in the first sentence. Therefore, you should look for something that can be a cause or reason before '그래서(so)'. The first sentence usually uses markers like '요즘(these days)'. Therefore, the correct answer is ③.

 어휘

아이 child | 놀다 have fun | 미안하다 sorry
시간을 보내다 spend one's time
휴가 vacation | 신청하다 sign up | 요즘 these days

58.

> (가) 약을 먹는 시간을 알려 주는 통이 있습니다.
> (나) 약 먹는 시간을 자주 잊는 사람에게 꼭 필요할 겁니다.
> (다) 약을 먹지 않거나 가지고 가지 않으면 문자를 보냅니다.
> (라) 그리고 내가 먹은 약을 알려 줘서 여러 번 먹지 않아도 됩니다.
> (가) There is a container that tells you when to take your medicine.
> (나) It would be essential for people who often forget the time to take their medicine.
> (다) If you don't take your medicine or carry it with you, it sends a message.
> (라) And it lets me know what medicine I've taken, so I don't have to take it multiple times.

❶ **(가)-(다)-(라)-(나)**
② (가)-(라)-(다)-(나)
③ (나)-(라)-(다)-(가)
④ (나)-(라)-(가)-(다)

 해설

'그리고'와 같은 표지는 첫 문장에 어울리지 않는다. 그리고 앞에는 그리고 뒤에 있는 문장과 동등한 내용으로 구성된 것이 있는지 확인한다. 스마트 약통에 대한 이야기이므로 소개할 때 시작될 수 있는 문장을 먼저 찾으면 된다. 따라서 정답은 ①번이다.

Markers like '그리고(and)' do not fit well with the first sentence. Check if there is content equivalent to the sentence following 'and' before it. Since this is a story about a smart pillbox, you can find the sentence that can start when introducing it first. Therefore, the correct answer is ①.

통 can | 자주 often | 잊어버리다 forget about
문자를 보내다 send a text message
여러 번 many times

[59~60] 문장이 들어갈 위치 고르기 / 일치하는 내용 고르기
Choosing the Position for the Sentence /
Choosing the Matching Content

> 저는 주택으로 이사했습니다. (㉠) 지금까지 아파트에만 살다가 이 집에 오니까 자연 풍경이 너무 좋았습니다. (㉡) 그런데 여름에는 벌레가 많고 겨울에는 너무 추워서 불편했습니다. (㉢) 그래도 아이들이 뛰어놀 수 있어서 좋습니다. (㉣)
> I moved to a house. (㉠) Having only lived in apartments until now, I really enjoyed the natural scenery when I came to this house. (㉡) However, there were many bugs in the summer and it was too cold in the winter, which was uncomfortable. (㉢) Still, it's nice that the kids can run around. (㉣)

59.

> 특히 물이 얼어서 씻지 못할 때도 있었습니다.
> There were times when the water froze and I couldn't wash.

① ㉠   ② ㉡   ❸ ㉢   ④ ㉣

 해설

물이 얼어서 씻지 못하는 때는 겨울이다. 계절에 대한 이야기가 나온 후에 '특히 물이 얼어서 씻지 못할 때도 있었습니다'와 같은 문장이 나올 수 있다. 따라서 정답은 ③번이다.

The time when water freezes and you can't wash is winter. A sentence like "There were times when the water froze and I couldn't wash" can come after talking about the seasons. Therefore, the correct answer is ③.

60.

① 저는 주택에 처음 삽니다.
② ~~주택에서 아파트로~~ 이사했습니다. (→ 아파트에서 주택으로)
③ ~~아파트는~~ 뛸 수 있어서 좋습니다. (→ 주택)
④ ~~집에 벌레가 많아서 이사했습니다.~~ (→ 이사한 이유에 대해서는 말하지 않음)

① I am moving into a house for the first time.
② I moved from a house to an apartment. (→From an apartment to a house.)
③ It's nice that you can run around in an apartment. (→house)
④ I moved because there were many bugs in the house. (→Doesn't mention why they moved.)

 해설

이 사람은 이사하기 전까지 아파트에만 살았다. 따라서 정답은 ①번이다.

This person had only lived in apartments before moving. Therefore, the correct answer is ①.

주택 housing | 이사하다 move in
아파트 apartment | 살다 live | 자연 nature
풍경 scenery | 여름 summer | 벌레 worm
겨울 winter | 춥다 cold | 뛰어놀다 run around

[61~62] 빈칸에 알맞은 말 고르기 / 일치하는 내용 고르기

Choosing the Appropriate Word for the Blank /
Choosing the Matching Content

작은 플라스틱은 다시 사용하기 어려워서 버릴 때가 많습니다. 그런데 우리 동네에 작은 플라스틱을 새로운 물건으로 다시 만들어 주는 가게가 생겼습니다. **작은 플라스틱을 모아 깨끗하게 씻고 잘라서 비누통을 만듭니다.** 저도 작은 물병 뚜껑을 (㉠). 거기에 작은 플라스틱을 가지고 가면 비누통을 줍니다. 쓰레기도 줄이고 선물도 받아서 너무 좋습니다.

Small plastics are often discarded as they are difficult to reuse. However, a shop has opened in our neighborhood that transforms these small plastics into new items. They collect small plastics, clean them thoroughly, cut them up, and turn them into soap dishes. I've also been collecting small bottle caps. If you bring your small plastics to the shop, they give you a soap dish in return. It's a great way to reduce waste and receive a gift at the same time.

61.

① 쓰고 있습니다
② 모으고 있습니다
③ 버리고 있습니다
④ 자르고 있습니다

① I've been using (I've also been using small bottle caps.)
② I've been collecting (I've also been collecting small bottle caps.)
③ I've been throwing away (I've also been throwing away small bottle caps.)
④ I've been cutting (I've also been cutting small bottle caps.)

 해설

작은 플라스틱이 재활용이 안 되고 버리게 되는데 이 작은 플라스틱을 재활용할 수 있는 방법이 생겼다. 이 사람도 재활용하기 위해서 물병 뚜껑을 모으기 시작했다. 따라서 정답은 ②번이다.

Small plastics are not recycled and are often discarded, but a way to recycle these small plastics has emerged. This person also started collecting bottle caps for recycling. Therefore, the correct answer is ②.

62.

① 우리 동네는 플라스틱 쓰레기가 적습니다.
② 저는 모든 플라스틱을 씻어서 모으고 있습니다.
③ 저는 플라스틱 가게에서 새제품을 만들었습니다.
④ 작은 플라스틱을 다시 쓸 때는 잘라서 사용합니다.

① There is little plastic waste in our neighborhood.
② I am collecting all the plastic after washing it.
③ I made a new product at the plastic store.
④ When reusing small plastics, they are cut for use.

 해설

작은 플라스틱을 재활용할 때는 잘라서 재활용한다. 따라서 정답은 ④번이다.

When recycling small plastics, they are cut for use. Therefore, the correct answer is ④.

 어휘

플라스틱 plastic | 어렵다 hard | 버리다 throw away
동네 neighborhood | 새롭다 new | 물건 thing

다시 again | 가게 shop | 모으다 gather
비누통 soap can | 물병 water bottle | 뚜껑 lid
줄이다 reduce | 선물 gift

[63~64] 필자의 의도/목적 고르기 / 일치하는 내용 고르기
Selecting Author's Intention/ Purpose / Choosing the Matching Content

50th Spring Flower Festival

We invite you to the 50th Spring Flower Festival.

We have prepared flowers from various countries so that you can feel the spring of the world.

Various events such as spring flower bibimbap making and concerts are also prepared.

- Period: April 1 (Thu), 2021 ~ April 21 (Wed), 2021

- Admission fee: 8,000 won, parking is free.

* If you post a picture taken at the Spring Flower Festival on our website, we will give a spring flower calendar to everyone who participated.

63.
① 봄꽃 축제 신청을 받으려고
② 봄꽃 축제를 소개하고 싶어서
③ 봄꽃 축제에 대해 물어보고 싶어서
④ 봄꽃 축제 신청 방법을 알려 주려고

① To receive applications for the Spring Flower Festival
② Because I want to introduce the Spring Flower Festival
③ Because I want to ask about the Spring Flower Festival
④ To explain how to apply for the Spring Flower Festival

 해설

봄꽃 축제 이야기로 축제에 대해 소개하고 초대하고 싶어서 메일을 썼다. 따라서 정답은 ②번이다.

The story is about the Spring Flower Festival, and the email was written because they wanted to introduce and invite people to the festival. Therefore, the correct answer is ②.

64.
① 봄꽃 축제는 올해 ~~처음 시작됐습니다.~~ (→ 제50회)
② 차를 가지고 가면 ~~주차비를 내야 합니다.~~ (→ 주차비는 무료)
③ 봄꽃 축제 사진을 올리면 선물이 있습니다.
④ 축제에 가면 ~~비빔밥을 사 먹을 수 있습니다.~~ (→ 비빔밥 만들기 행사가 있음)

① The Spring Flower Festival started for the first time this year. (→ It's the 50th festival.)
② If you bring a car, you have to pay for parking. (→ Parking is free.)
③ If you post a picture of the Spring Flower Festival, there will be a gift.
④ You can buy bibimbap at the festival. (→ There is a bibimbap making event.)

 해설

봄꽃 축제에서 찍은 사진을 홈페이지에 올리면 달력을 선물로 받을 수 있다. 따라서 정답은 ③번이다.

If you post a picture taken at the Spring Flower Festival on the website, you can receive a calendar as a gift. Therefore, the correct answer is ③.

축제 festival | 꽃 flower | 준비하다 get ready
준비되다 be ready | 비빔밥 bibimbap
음악회 concert | 행사 event | 기간 period
관람료 admission fee | 주차 parking
홈페이지 homepage | 참여하다 participate

[65~66] 빈칸에 알맞은 말 고르기 / 일치하는 내용 고르기
Choosing the Appropriate Word for the Blank / Choosing the Matching Content

요즘은 가구를 만들어 사용하는 사람들이 많습니다. 저도 친구와 같이 처음으로 책장을 만들었습니다. 제가 좋아하는 나무로 만든 책장이라서 방에서 좋은 나무 냄새도 납니다. 이렇게 가구를 직접 만들면 마음에 드는 재료를 사용해서 방에 어울리는 가구를 (㉠). 다음에는 많은 사람들이 앉을 수 있는 크고 넓은 책상을 만들고 싶습니다.

These days, many people make their own furniture. I also made a bookshelf for the first time with a friend. The bookshelf is made of wood that I like, so it gives off a nice wood scent in the room. By making furniture yourself in this way, you can use materials that you prefer and create furniture that fits well in your room. Next time, I want to make a large and wide desk where many people can sit.

65.
① 만들어도 됩니다
② 만들기로 합니다
③ **만들 수 있습니다**
④ 만들기 때문입니다

① can make (You are allowed to make furniture yourself in this way, using materials that you like and creating furniture that fits well in your room.)
② decided to make (By making furniture ourselves in this way, we decide to use materials that we like and create furniture that fits well in our room.)
③ able to make (By making furniture yourself in this way, you can use materials that you prefer and create furniture that fits well in your room.)
④ because you make (This is because when you make furniture yourself, you can use materials that you like and create furniture that suits your room.)

 해설

가구를 만드는 것의 장점에 대해 말하고 있다. 직접 만들면 원하는 재료로 방에 어울리는 가구를 만들 수 있다. 따라서 정답은 ③번이다.

The text is talking about the advantages of making furniture. If you make it yourself, you can use the materials you want to create furniture that suits your room. Therefore, the correct answer is ③.

66.
① 책상은 나무로 만들었습니다. (→ 책장)
② 저는 자주 나무로 책장을 만듭니다. (→ 처음으로 책장을 만들었습니다.)
③ **저는 다음에 큰 책상을 만들 겁니다.**
④ 친구가 책장을 만들어 선물했습니다.

① The desk was made of wood. (→ The bookshelf)
② I often make bookshelves out of wood. (→ Made a bookshelf for the first time.)
③ I'm going to make a big desk next time.
④ My friend made a bookshelf as a gift.

 해설

이 사람은 나중에 많은 사람들이 앉을 수 있는 크고 넓은 책상을 만들고 싶다고 했다. 따라서 정답은 ③번이다.

The speaker said they want to make a large and wide desk where many people can sit in the future.

Therefore, the correct answer is ③.

 어휘

가구 furniture | 책장 bookcase | 나무 wood
직접 directly | 재료 material | 어울리다 suit
앉다 sit down

[67~68] 빈칸에 알맞은 말 고르기 / 일치하는 내용 고르기
Choosing the right word for the blank / choosing the right word for the blank

> 우리는 일기예보에서 알려준 날씨보다 더 춥게 느낄 때가 많습니다. 바람이나 햇빛 때문에 다르게 느낍니다. 특히 추운 겨울에 바람이 불면 우리 몸은 추위를 더 많이 느낍니다. 바람이 불어도 우리 몸이 더 (㉠) 느낄 때가 있는데 우리 몸의 온도보다 기온이 높은 뜨거운 곳에 있어서 그렇습니다.
>
> We often feel colder than what the weather forecast indicates. This difference in perception can be attributed to factors such as wind or sunlight. Particularly in the chilly winter, when the wind blows, our bodies tend to feel the cold more intensely. Even with the wind blowing, there are times when our bodies feel hotter because we are in a place where the temperature is higher than our body temperature.

67.
① 덥게
② 춥게
③ 비슷하게
④ 따뜻하게

① hotter: 더 덥게 (Even with the wind blowing, there are times when our bodies feel hotter because we are in a place where the temperature is higher than our body temperature.)
② colder: 더 춥게 (Even with the wind blowing, there are times when our bodies feel colder because we are in a place where the temperature is higher than our body temperature.)
③ more similarly: 더 비슷하게 (Even with the wind blowing, there are times when our bodies feel more similarly because we are in a place where the temperature is higher than our body temperature.)
④ warmer: 더 따뜻하게 (Even with the wind blowing, there are times when our bodies feel warmer because we are in a place where the temperature is higher than our body temperature.)

✔ **해설**

겨울에 바람이 불면 더 춥게, 여름에는 더 덥게 느낀다. 겨울과 여름을 대비하며 설명하고 있다. 따라서 정답은 ①번이다.

In winter, we feel colder when the wind blows, and in summer, we feel hotter. The text is explaining by contrasting winter and summer. Therefore, the correct answer is ①.

68.
① 바람 때문에 몸이 느끼는 온도가 다릅니다.
② 기온은 우리 몸이 느끼는 온도를 말합니다.
③ 더운 곳에서는 항상 사람의 체온이 높습니다.
④ 날씨 예보의 기온과 몸이 느끼는 온도는 ~~같습니다.~~
   (→ 다릅니다.)

① The temperature our body feels is different due to the wind.
② The temperature refers to the temperature our body feels.
③ In hot places, the body temperature is always high.
④ The temperature indicated by the weather forecast and the temperature our bodies feel are the same.
   (→ are different.)

바람이나 햇빛 때문에 우리의 몸이 원래 온도와 다르게 느끼는데 이 글에서는 '바람'의 영향에 대해 말하고 있다. 따라서 정답은 ①번이다.

Our bodies feel a different temperature due to wind or sunlight. This text talks about the influence of 'wind'. Therefore, the correct answer is ①.

 어휘

일기예보 weather forecast | 날씨 weather
느끼다 feel | 바람 wind | 햇빛 sunlight
추위 the cold | 온도 temperature
기온 temperature

color of traffic lights. It's different from what most people think. Therefore, the correct answer is ③.

[69~70] 빈칸에 알맞은 말 고르기 / 일치하는 내용 고르기
Choosing the right word in the blank. / Choosing the right content

저는 지난 토요일에 동생들과 특별한 사진관에 갔습니다. 사진관에 들어가면 사진을 찍기 위한 모든 준비가 되어 있습니다. 우리는 사진을 찍기 전에 화장도 하고 예쁜 머리띠와 재미있는 안경도 썼습니다. 그리고 동생은 저에게 어울리는 모자도 씌워 줬습니다. 거울 속의 제 모습이 마음에 들었습니다. 이렇게 멋지게 사진을 (㉠) 친구에게도 소개할 생각입니다.

Last Saturday, I went to a special photo studio with my siblings. Once you enter the studio, everything is prepared for taking pictures. Before taking pictures, we put on makeup, wore pretty headbands and fun glasses. My sibling also put a hat on me that suits me. I liked my reflection in the mirror. Being able to take such cool photos, I plan to introduce it to my friends as well.

69.
① 찍을까 해서
② 찍어야 해서
③ 찍으려고 해서
④ 찍을 수 있어서

① Because I was thinking of taking (I'm thinking of introducing this to my friends as I might take such cool photos.)
② Because I have to take (I'm thinking of introducing this to my friends because I have to take such cool photos.)
③ Because I plan to take (I'm thinking of introducing this to my friends because I plan to take such cool photos.)
④ Because I could take (Being able to take such cool photos, I plan to introduce it to my friends as well.)

 해설

사진관에 간 경험에 대한 이야기이다. 사진관이 마음에 들어서 친구에게도 소개할 거라고 한다. 따라서 정답은 ④번이다.

This is a story about the experience of going to a photo studio. The speaker liked the photo studio and said they would introduce it to their friends. Therefore, the correct answer is ④.

70.
① 사진관에서 사진 찍는 방법을 배울 수 있습니다.
② 사진이 마음에 들지 않으면 다시 찍어도 됩니다.
③ 손님은 특별한 준비 없이 사진관에 가도 됩니다.
④ 손님은 기다리지 않고 사진을 찍을 수 있습니다.

① You can learn how to take pictures at the photo studio.
② If you don't like the picture, you can retake it.
③ Customers can go to the photo studio without any special preparation.
④ Customers can take pictures without waiting.

해설

이 사진관은 사진을 찍기 위한 모든 준비가 되어 있다.
따라서 정답은 ③번이다.

This photo studio is fully prepared for taking pictures.
Therefore, the correct answer is ③.

 어휘

사진관 photo studio | 찍다 take (pictures)
화장 makeup | 머리띠 headband
안경 glasses | 어울리다 suit | 모자 hat
씌우다 put on | 거울 mirror
모습 appearance | 소개하다 introduce

THE SECOND
ANSWER AND EXPLANORTIONS
제2회 정답 및 해설

• 듣기 (1~30번) 정답

1	①	2	②	3	④	4	①	5	③
6	④	7	①	8	②	9	②	10	④
11	①	12	②	13	③	14	①	15	②
16	③	17	②	18	④	19	①	20	③
21	④	22	③	23	④	24	①	25	③
26	②	27	③	28	④	29	③	30	③

[1-4] 이어지는 내용 유추하기
Inferring the Following Content

1.

> 남자: 연필이에요?
> The man: Is it a pencil?
> 여자: _____.

① 네, 연필이에요.
② 네, 연필이 있어요.
③ 아니요, 연필이 없어요.
④ 아니요, 연필이 많아요.

① Yes, it's a pencil.
② Yes, there is a pencil.
③ No, there is no pencil.
④ No, there are many pencils.

 해설

연필이면 '네, 연필이에요.', 연필이 아니면 '아니요, 연필이 아니에요.'가 된다. 따라서 정답은 ①번이다.

If it is a pencil, the answer is "Yes, it is a pencil." If it is not a pencil, the answer is "No, it's not a pencil." Therefore, the correct answer is ①.

 주제

묻고 대답하기 | asking and answering

 어휘

연필 pencil

2.

> 여자: 꽃이 예뻐요?
> Woman: Are the flowers pretty?
> 남자: _____.

① 네, 꽃이 없어요.
❷ 네, 꽃이 예뻐요.
③ 아니요, 꽃이 좋아요.
④ 아니요, 꽃을 안 사요.

① Yes, there are no flowers.
② Yes, the flowers are pretty.
③ No, I like the flowers.
④ No, I don't buy flowers.

해설

꽃이 예쁘면 '네, 꽃이 예뻐요.', 꽃이 안 예쁘면 '아니요, 꽃이 안 예뻐요.'가 된다. 따라서 정답은 ②번이다.

If the flowers are pretty, the answer is "Yes, they are pretty." If the flowers are not pretty, the answer is "No, they are not pretty." Therefore, the correct answer is ②.

주제

묻고 대답하기 asking and answering

 어휘

꽃 flower | 예쁘다 pretty

3.

> 남자: 언제 학교에 가요?
> Man: When do you go to school?
> 여자: _____.

① 내일 만나요.
② 친구하고 가요.
③ 학교에서 만나요.
④ **여덟 시에 가요.**

① I meet (someone) tomorrow.
② I go with a friend.
③ I meet (someone) at school.
④ I go at eight o'clock.

 해설

학교에 가는 시간(때)을 말하면 된다. 따라서 정답은 ④ 번이다.

You should answer with the time when you go to school. Therefore, the correct answer is ④.

 주제

묻고 대답하기 asking and answering

 어휘

학교 school

4.

> 여자: 무슨 운동을 좋아해요?
> Woman: What kind of exercise do you like?
> 남자: _____.

① **축구를 좋아해요.**
② 운동을 자주 해요.
③ 아주 재미있어요.
④ 어제 운동을 했어요.

① I like soccer.
② I exercise often.
③ It's very fun.
④ I exercised yesterday.

 해설

좋아하는 운동에 대한 답은 축구이다. 따라서 정답은 ①번이다.

The answer to the question about which sport he likes is soccer. Therefore, the correct answer is ①.

 주제

묻고 대답하기 asking and answering

 어휘

무슨 what kind of | 운동 exercise

[5-6] 듣고 이어지는 말 고르기 Listening and Choosing the Appropriate Response

5.

> 남자: 축하합니다.
> Man: Congratulations.
> 여자: _____.

① 그렇습니다.   ② 죄송합니다.
③ **감사합니다.**   ④ 괜찮습니다.

① That's right.   ② I'm sorry.
③ Thank you.   ④ It's okay.

해설

남자는 여자에게 축하한다고 인사를 하고 있기 때문에 남자는 감사하다, 고맙다고 대답하는 말을 찾으면 된다. 따라서 정답은 ③번이다.

The man is congratulating the woman, so she should respond with a phrase expressing gratitude. Therefore, the correct answer is ③.

 주제

축하하기 congratulating

 어휘

축하하다 congratulate

6.

> 여자: 여보세요, 민수 씨 있어요?
> Woman: Hello, is Minsu there?
> 남자: _____.

① 잘 지내세요.
② 여기에 있어요.
③ 안녕히 계세요.
④ 잠깐만 기다리세요.

① Take care.
② He's here.
③ Goodbye.
④ Please hold on a moment.

 해설

여자는 전화를 해서 민수 씨를 찾고 있기 때문에 남자는 여자에게 기다리라고 대답하면 된다. 따라서 정답은 ④번이다.

The woman is calling and looking for Minsoo, so the man should tell her to wait. Therefore, the correct answer is ④.

 주제

전화하기 making a phone call

 어휘

여보세요 hello (on the phone)

[7-10] 담화 장소 고르기
Identifying the Location of the Conversation

7.

> 남자: 사과가 어디에 있어요?
> Man: Where are the apples?
> 여자: 저쪽에 있습니다.
> Woman: They are over there.

① 가게   ② 공원
③ 식당   ④ 회사

① store
  ② park
③ restaurant   ④ company

 해설

남자가 여자에게 사과가 어디에 있는지 질문하고 여자는 저쪽에 있다고 대답하고 있기 때문에 이곳은 가게이다. 따라서 정답은 ①번이다.

The man is asking the woman where the apples are, and the woman replies that they are over there. Therefore, this place is a store. So, the correct answer is ①.

 주제

묻고 답하기 asking and answering

 어휘

사과 apple | 저쪽 over there

145

8.

> 여자: 일곱 시 영화 표로 두 장 주세요.
> Woman: Two tickets for the 7 o'clock movie, please.
> 남자: 여기 있습니다. 10분 후에 시작합니다.
> Man: Here you go. It starts in 10 minutes.

① 학교　　　　　　**② 극장**
③ 은행　　　　　　④ 약국

① school　　　　　② theater
③ bank　　　　　　④ pharmacy

 해설

여자가 남자에게 영화 표 두 장을 달라고 하고 남자는 여자에게 표를 주고 있기 때문에 이곳은 극장이다. 따라서 정답은 ②번이다.

The woman is asking the man for two movie tickets, and the man is giving her the tickets. Therefore, this place is a theater. So, the correct answer is ②.

✔ 주제

영화 표 예매하기 booking movie tickets

✔ 어휘

영화 표 movie ticket
장 piece (for counting thin and wide objects such as paper)
여기 here | 시작하다 start

9.

> 남자: 여기에서 책을 빌릴 수 있나요?
> Man: Can I borrow books here?
> 여자: 네, 세 권까지 빌릴 수 있습니다.
> Woman: Yes, you can borrow up to three books.

① 편의점　　　　　**② 도서관**
③ 미용실　　　　　④ 운동장

① convenience store　　② library
③ beauty salon　　　　④ sports field

 해설

남자가 여자에게 책을 빌릴 수 있는지 질문하고 여자는 세 권까지 빌릴 수 있다고 대답하고 있기 때문에 이곳은 도서관이다. 따라서 정답은 ②번이다.

The man is asking the woman if he can borrow books, and the woman replies that he can borrow up to three books. Therefore, this place is a library. So, the correct answer is ②.

✔ 주제

책 빌리기 borrowing books

✔ 어휘

여기 here | 빌리다 borrow
권 volumc (for counting books)

10.

> 여자: 미국에 가는 비행기표를 사고 싶어요.
> Woman: I want to buy a plane ticket to the United States.
> 남자: 언제 출발하시려고 해요?
> Man: When do you plan to depart?

① 미술관　　　　　② 우체국
③ 사진관　　　　　**④ 여행사**

① art museum　　　② post office
③ photo studio　　　④ travel agency

✔ 해설

여자가 남자에게 비행기표를 사고 싶다고 말하고 남자는 언제 출발하는지 질문하고 있기 때문에 이곳은 여행사이다. 따라서 정답은 ④번이다.

The woman tells the man that she wants to buy a plane ticket, and the man asks when she plans to depart. Therefore, this place is a travel agency. Hence, the correct answer is option ④.

비행기 표 사기 buying a plane ticket

 어휘

미국 United States | 비행기표 plane ticket

사다 buy | 출발하다 depart

[11-14] 화제 고르기
Determining the Topic

11.

> 남자: 이 사람은 누구예요?
> Man: Who is this person?
> 여자: 제 동생이에요.
> Woman: It's my younger sibling.

① 가족   ② 시간
③ 고향   ④ 이름

① family   ② time
③ hometown   ④ name

 해설

두 사람은 동생(가족)에 대해서 이야기하고 있다. 따라서 정답은 ①번이다.

The two people are talking about a sibling (family). Therefore, the correct answer is ①.

 주제

가족 family

 어휘

사람 person | 동생 younger sibling

12.

> 여자: 토요일에 뭐 할 거예요?
> Woman: What are you going to do on Saturday?
> 남자: 친구를 만날 거예요.
> Man: I'm going to meet a friend.

① 장소   ❷ 약속
③ 운동   ④ 나라

① place   ② appointment
③ exercise   ④ country

 해설

두 사람은 토요일 계획(약속)에 대해서 이야기하고 있다. 따라서 정답은 ②번이다.

The two people are discussing their plans (appointment) for Saturday. Therefore, the correct answer is ②.

 주제

주말 계획 묻기 asking about weekend plans

 어휘

토요일 Saturday | 친구 friend | 만나다 meet

13.

> 남자: 무슨 일을 하세요?
> Man: What do you do?
> 여자: 저는 한국어를 가르쳐요.
> Woman: I teach Korean.

① 생일   ② 방학
❸ 직업   ④ 취미

① birthday   ② vacation
③ occupation   ④ hobby

 해설

두 사람은 무슨 일(직업)을 하는지에 대해서 이야기하고 있다 따라서 정답은 ③번이다.

The two people are discussing what they do for a living (occupation). Therefore, the correct answer is ③.

 주제

직업 묻기 asking about occupation

 어휘

무슨 what | 가르치다 teach

14.

> 여자: 실례지만, 우체국이 어디에 있어요?
> Woman: Excuse me, where is the post office?
> 남자: 저기 서점 뒤에 있어요.
> Man: It's behind that bookstore over there.

① 위치　　　　　② 소개
③ 기분　　　　　④ 계획

① location　　　② introduction
③ mood　　　　 ④ plan

 해설

두 사람은 우체국이 어디에 있는지(위치)에 대해 이야기하고 있다. 따라서 정답은 ①번이다.

The two people are discussing where the post office is located. Therefore, the correct answer is ①.

 주제

길 묻기 asking for directions

 어휘

우체국 post office | 서점 bookstore
뒤 behind

[15-16] 일치하는 그림 고르기
Choosing the Corresponding Image

15.

> 여자: 커피 한 잔 주세요.
> Woman: Please give me a cup of coffee.
> 남자: 네, 삼천 원입니다.
> Man: Yes, it's three thousand won.

①

②

③

④

 해설

여자는 남자에게 커피를 한 잔 달라고 말했고 남자는 여자에게 커피 가격을 말하고 있기 때문에 커피숍에 있는 상황이다. 따라서 정답은 ②번이다.

The woman asks the man for a cup of coffee, and the man tells her the price of the coffee. Therefore, this situation is taking place in a coffee shop. Hence, the correct answer is ②.

 주제

주문하기 ordering

 어휘

한 잔 a cup

16.

남자: 어디에서 택시를 타면 되지요?

Man: Where can I catch a taxi?

여자: 저기 택시 타는 곳이 있네요. 늦었으니까 빨리 가요.

Woman: There's a taxi stand over there. We're late, so let's hurry.

①  ②

③  ④

 해설

남자는 여자에게 택시를 타는 곳에 대해서 이야기하고 빨리 가자고 했기 때문에 택시를 타러 가는 상황이다. 따라서 정답은 ③번이다.

The man is asking the woman about where to catch a taxi and suggesting they should hurry because they are late. Therefore, this situation is about them going to catch a taxi. So, the correct answer is ③.

 주제

장소 묻기 asking about location

 어휘

택시를 타다 catch a taxi | 늦다 be late | 빨리 hurry

[17~21] 일치하는 내용 고르기
Choosing the matching content

17.

남자: 이번 방학에 고향에 갈 거예요.

Man: I'm going to my hometown this vacation.

여자: 그래요? 고향에서 뭐 하고 싶어요?

Woman: Really? What do you want to do in your hometown?

남자: 가족과 같이 여행을 하고 싶어요.

Man: I want to travel with my family.

① 남자는 가족과 여행을 했습니다.

❷ 남자는 방학에 고향에 갈 겁니다.

③ 여자는 남자와 같이 고향에 갑니다.

④ 여자는 방학 때 가족을 만났습니다.

① The man traveled with his family.

② The man will go to his hometown during the vacation.

③ The woman is going to the man's hometown with him.

④ The woman met her family during the vacation.

 해설

남자는 이번 방학에 고향에 갈 거라고 말하고 있다. 따라서 정답은 ②번이다.

The man is saying that he will go to his hometown this vacation. Therefore, the correct answer is ②.

 주제

방학 계획 이야기하기 discussing vacation plans

 어휘

이번 this | 방학 vacation | 고향 hometown

18.

> 남자: 기타를 잘 치시네요. 언제 배웠어요?
> Man: You play the guitar well. When did you learn?
> 여자: 작년에 처음 배우기 시작했어요.
> Woman: I started learning last year.
> 남자: 저도 기타를 배워 보고 싶은데 어려울 것 같아요.
> Man: I also want to learn the guitar, but it seems difficult.
> 여자: 그럼 제가 가르쳐 드릴게요.
> Woman: Then I'll teach you.

① 남자는 기타를 배운 적이 있습니다.
② 여자는 3년 전부터 기타를 배웠습니다.
③ 남자는 요즘 기타를 가르치고 있습니다.
❹ **여자는 남자에게 기타를 가르쳐줄 겁니다.**

① The man has learned to play the guitar before.
② The woman has been learning the guitar since three years ago.
③ The man is currently teaching the guitar.
④ The woman will teach the man how to play the guitar.

 해설

남자는 여자에게 기타를 잘 친다고 하면서 배워 보고 싶다고 말했다. 그래서 여자는 남자에게 가르쳐 주겠다고 말하고 있다. 따라서 정답은 ④번이다.

The man tells the woman that she plays the guitar well and expresses his desire to learn. Therefore, the woman offers to teach him. So, the correct answer is ④.

 주제

취미 이야기하기 | discussing hobbies

 어휘

기타를 치다 play the guitar | 처음 first
배우다 learn | 가르치다 teach

19.

> 여자: 안녕하세요? 요리 수업을 듣고 싶은데요.
> Woman: Hello? I'd like to take a cooking class.
> 남자: 아, 네. 여기에 이름과 전화번호를 써 주세요. 몇 시 수업을 원하세요?
> Man: Ah, yes. Please write your name and phone number here. What time do you prefer for the class?
> 여자: 회사 퇴근하고 배우고 싶은데 저녁 8시 수업도 있나요?
> Woman: I'd like to learn after getting off work. Do you have a class at 8 in the evening?
> 남자: 네, 8시하고 9시 수업 모두 있습니다.
> Man: Yes, we have classes at both 8 and 9 o'clock.

❶ **여자는 회사에 다니고 있습니다.**
② 남자는 회사에서 여자를 만났습니다.
③ 남자는 지금 요리를 배우고 있습니다.
④ 여자는 아침에 요리를 배우고 싶어 합니다.
  (→저녁에)

① The woman is working at a company.
② The man met the woman at the company.
③ The man is currently learning to cook.
④ The woman wants to learn cooking in the morning.

 해설

여자는 남자에게 요리 수업에 대해 이야기하면서 회사 퇴근하고 배우고 싶다고 말하고 있다. 따라서 정답은 ①번이다.

The woman is talking to the man about cooking classes and says she would like to learn after getting off work. Therefore, the correct answer is ①.

 주제

요리 수업 신청하기 | applying for a cooking class

 어휘

요리 수업 cooking class | 전화번호 phone number
원하다 want | 회사 company
퇴근하다 get off work | 모두 all

20.

> 여자: 여보세요. **인터넷에서 한국어 책을 샀는데** 책이 잘못 온 것 같아요.
>
> Woman: Hello. I've purchased a Korean book online, but it appears that the wrong book has been delivered.
>
> 남자: 죄송합니다. 언제 주문하셨습니까?
>
> Man: I'm sorry. When did you place your order?
>
> 여자: 지난 주 목요일에 주문했습니다.
>
> Woman: I ordered it last Thursday.
>
> 남자: 주문하신 분의 이름과 전화번호를 말씀해 주세요.
>
> Man: Please tell me the name and phone number of the person who placed the order.

① 남자는 책을 잘못 주문했습니다. (→여자는)
② 남자는 주문한 사람을 잘 압니다.
③ **여자는 인터넷에서 책을 샀습니다.**
④ 여자는 주말에 책을 주문했습니다. (→지난주 목요일에)

① The man ordered the wrong book. (→The woman)
② The man knows well who placed the order.
③ The woman bought a book on the internet.
④ The woman ordered the book over the weekend. (→last Thursday)

 해설

여자는 남자에게 인터넷에서 한국어 책을 샀는데 책이 잘못 온 것 같다고 말하고 있다. 따라서 정답은 ③번이다.

The woman is telling the man that she bought a Korean book on the internet, but she thinks the wrong book has arrived. Therefore, the correct answer is ③.

주제

문의 전화하기 making an inquiry call

 어휘

인터넷 Internet | 잘못 wrong | 주문하다 order
말씀하다 say, tell (honorific)

21.

> 남자: 수미 씨, 우리 학교 근처에 사진 찍는 곳이 있어요?
>
> Man: Sumi, is there a place to take pictures near our school?
>
> 여자: 학교 앞 하얀 건물에 사진관이 있어요. 사진 찍으려고요?
>
> Woman: There's a photo studio in the white building in front of the school. Are you planning to take pictures?
>
> 남자: 네, 여권을 만들어야 하는데 사진이 없어서요.
>
> Man: Yes, I need to make a passport, but I don't have any photos.
>
> 여자: 그렇군요. 저도 그 사진관에서 여권 사진을 찍었는데 친절하게 잘 찍어 주셨어요.
>
> Woman: I see. I also had my passport photo taken at that studio. They were very kind and took good pictures.

① 여자는 사진관의 위치를 모릅니다. (→압니다)
② 남자는 여권을 신청하고 있습니다.
③ 남자는 여자와 같이 사진관에 갔습니다.
④ **여자는 여권 사진을 찍은 적이 있습니다.**

① The woman doesn't know the location of the photo studio. (→She knows.)
② The man is applying for a passport.
③ The man went to the photo studio with the woman.
④ The woman has had her passport photo taken.

해설

남자는 여자에게 학교 근처 사진관을 아는지 질문하고 여자는 자신이 찍은 적이 있는 사진관을 말해 주고 있다. 따라서 정답은 ④번이다.

The man is asking the woman if she knows about a photo studio near their school, and the woman is telling him about a studio where she had her picture taken. Therefore, the correct answer is ④.

 주제

추천하는 장소 묻기 asking for recommended places

 어휘

근처 nearby | 사진을 찍다 take a picture
하얀 white | 사진관 photo studio
여권 passport | 친절하다 kind

[22~24] 중심 생각 고르기
Choosing the Central Idea

22.

> 남자: 이번 주말에 뭐 할 거예요?
> Man: What are you going to do this weekend?
> 여자: 특별한 계획이 없어요. 집에서 쉬려고요.
> Woman: I don't have any special plans. I plan to rest at home.
> 남자: 그래요? 저는 친구들하고 영화 보러 갈 건데 같이 갈래요?
> Man: Really? I'm going to watch a movie with friends, would you like to join?
> 여자: 아니에요. 저는 주말에는 집에서 편하게 쉬고 싶어요.
> Woman: No, I want to relax at home on the weekends.

① 주말에 영화를 보면 좋겠습니다.
② 계획을 세우는 것이 중요합니다.
③ 주말에는 집에서 쉬고 싶습니다.
④ 친구들을 많이 사귀어야 합니다.

① It would be nice to watch a movie on the weekend.
② Making plans is important.

③ I want to rest at home on the weekends.
④ You should make many friends.

 해설

남자는 여자에게 주말 계획에 대해 질문하고 여자는 특별한 계획 없이 집에서 편하게 쉬고 싶다고 말하고 있다. 따라서 정답은 ③번이다.

The man is asking the woman about her weekend plans, and the woman says she wants to relax at home without any special plans. Therefore, the correct answer is ③.

 주제

주말 계획 묻기| asking about weekend plans

 어휘

주말 weekend | 계획 plan | 편하다 relax
쉬다 rest

23.

> 여자: 뭘 마실래요? 저는 건강을 위해서 따뜻한 차를 마실게요.
> Woman: What would you like to drink? I'm going to have a warm tea for my health.
> 남자: 이렇게 더운데 따뜻한 차를 마셔요? 저는 차가운 커피를 마실래요.
> Man: You're drinking warm tea in this heat? I'd like to have a cold coffee.
> 여자: 더울 때 너무 차가운 음료수를 마시면 몸에 안 좋아요.
> Woman: Drinking too cold drinks when it's hot is not good for your body.
> 남자: 그래도 저는 시원한 음료수를 한 잔 마셔야겠어요.
> Man: Still, I need to have a cool drink.

① 차보다 커피를 마시는 게 건강에 좋습니다.
② 사람들마다 좋아하는 음료수가 모두 다릅니다.
③ 매일 하루에 한 잔 시원한 물을 마셔야 합니다.

❹ 더울 때 너무 차가운 음료수는 몸에 좋지 않습니다.

① Drinking coffee is better for your health than tea.
② Everyone has different favorite drinks.
③ You should drink a cool glass of water every day.
④ Drinking too cold drinks when it's hot is not good for your body.

 해설

여자는 남자가 차가운 커피를 마신다고 말한 것에 대해 더울 때 너무 차가운 음료수를 마시면 몸에 좋지 않다고 말하고 있다. 따라서 정답은 ④번이다.

The woman is saying that drinking too cold drinks when it's hot is not good for your body, in response to the man saying he will drink cold coffee. Therefore, the correct answer is ④.

 주제

조언하기 giving advice

 어휘

따뜻하다 warm | 차 tea | 덥다 hot | 차갑다 cold
음료수 drink | 몸에 안 좋다 not good for the body

24.

남자: 오늘 박물관에 갔는데 큰 소리로 이야기하는 사람들이 많아서 놀랐어요.
Man: I visited the museum today and was taken aback by the number of people talking at a high volume.
여자: 박물관에서는 조용히 해야 하는데.... 아이들이 그랬어요?
Woman: People should be quiet in the museum... Were the children causing the noise?
남자: 아이들도 있고 어른들도 있었어요. 그래서 전시를 잘 볼 수도 없었어요.
Man: There were both children and adults. So, I couldn't even properly see the exhibition.

여자: 다른 사람들을 위해서 조심하면 좋겠네요.
Woman: It would be nice if people could be considerate for the sake of others.

❶ 박물관에서는 조용히 해야 합니다.
② 아이들은 전시를 많이 보는 게 좋습니다.
③ 박물관에 가서 놀라운 전시를 보고 싶습니다.
④ 다른 사람들을 위해서 차례를 지키면 좋겠습니다.

① You should be quiet in the museum.
② It's good for children to see a lot of exhibitions.
③ I want to see an amazing exhibition at the museum.
④ It would be nice if people respected turns for the sake of others.

 해설

남자는 여자에게 박물관에서 큰 소리로 이야기하는 사람들 때문에 놀랐다고 말했고 여자는 박물관에서는 다른 사람들을 위해 조용히, 조심히 해야 한다고 말하고 있다. 따라서 정답은 ①번이다.

The man tells the woman that he was surprised by people talking loudly in the museum, and the woman says that people should be quiet and careful in the museum for the sake of others. Therefore, the correct answer is ①.

 주제

박물관 관람 예절 museum etiquette

 어휘

박물관 museum | 큰 소리로 이야기하다 talk loudly
놀라다 surprised | 조용히 quietly
아이 child | 어른 adult | 전시 exhibition
조심하다 be careful

[25~26] 화자의 의도 고르기 / 일치하는 내용 고르기
Identifying the Speaker's Intention / Choosing the Matching Content

> 여자: 손님 여러분, 오늘도 우리 마트를 찾아 주셔서 감사합니다. 오늘은 우리 마트가 생긴 지 1년이 되는 날입니다. 그래서 특별한 할인 행사를 준비했습니다. 50% 싼 가격으로 과일을 사실 수 있습니다. 고기를 사시는 분들께는 채소를 무료로 드립니다. 그리고 오늘은 다른 날보다 한 시간 더 길게 마트를 이용하실 수 있습니다. 감사합니다.
>
> Woman: Dear customers, thank you for visiting our mart today. Today marks the first anniversary of our mart's opening. Therefore, we have prepared a special discount event. You can buy fruits at a 50% cheaper price. For those who buy meat, we provide vegetables for free. And today, you can use the mart for one hour longer than usual. Thank you.

25.
① 마트 이용 방법을 안내하려고
② 마트의 쉬는 날을 말해 주려고
❸ **마트에서 하는 행사를 알리려고**
④ 마트에 찾아오는 길을 설명하려고

① To guide how to use the mart
② To tell about the mart's day off
③ To announce an event at the mart
④ To explain how to get to the mart

 해설

여자는 오늘 마트에서 하는 행사에 대해 알리고 있다. 따라서 정답은 ③번이다.

The woman is announcing about an event taking place at the mart today. Therefore, the correct answer is ③.

26.
① 마트가 생긴 지 3년이 되었습니다.
❷ **고기를 사면 채소를 무료로 줍니다.**
③ 과일은 오늘 특별한 할인이 없습니다.
④ 한 시까지 마트를 이용할 수 있습니다.

① The mart has been open for three years.
② If you buy meat, you get vegetables for free.
③ There is no special discount on fruits today.
④ You can use the mart until one o'clock.

 해설

오늘 마트 할인 행사에서 고기를 사면 채소를 무료로 준다고 말하고 있다. 따라서 정답은 ②번이다.

The announcement mentions that there is a special offer today at the mart where if you buy meat, you get vegetables for free. Therefore, the correct answer is option ②.

 주제

안내 방송 announcement broadcast

 어휘

손님 customer | 여러분 everyone | 찾다 visit
생기다 open | 특별하다 special
할인 행사 discount event | 준비하다 prepare
가격 price | 무료 free | 이용하다 use

[27~28] 화제 고르기 / 일치하는 내용 고르기
Determining the Topic / Choosing the Matching Content

여자: 민수 씨, 오늘 바빠요? 시간이 있으면 같이 병원에 가 줄 수 있어요?

Woman: Minsu, are you busy today? If you have time, can you go to the hospital with me?

남자: 네, 좋아요. 그런데 어디가 아파요?

Man: Yes, sure. But what's wrong? Are you sick?

여자: 며칠 전부터 계속 배가 아파요. 어제는 배가 너무 아파서 밤에 잠도 못 잤어요.

Woman: I've had a stomachache for several days. Yesterday, my stomach hurt so much that I couldn't sleep at night.

남자: 빨리 병원에 가 봐야겠어요. 병원은 예약했어요?

Man: You should go to the hospital soon. Have you made an appointment at the hospital?

여자: 아니요, 아직 못 했어요. 지금 병원에 전화를 해 볼까요?

Woman: No, not yet. Should I call the hospital now?

남자: 네, 예약을 먼저 하고 가는 게 좋겠어요.

Man: Yes, it would be better to make an appointment first before going.

27.

① 자주 가는 병원
② 병원에 가는 방법
③ **병원에 가는 이유**
④ 병원에 가면 좋은 점

① Frequently visited hospital
② How to go to the hospital
③ Reason for going to the hospital
④ The benefits of going to the hospital

 해설

두 사람은 여자가 배가 아파서 병원에 가야 하는 것에 대해 이야기하고 있다. 따라서 정답은 ③번이다.

The two are talking about why the woman needs to go to the hospital because she has a stomachache. Therefore, the correct answer is ③.

28.

① 남자는 요즘 잠을 못 잡니다.
② 여자는 어제 병원에 갔습니다.
③ 남자는 미리 병원을 예약했습니다.
④ **여자는 남자와 같이 병원에 갈 겁니다.**

① The man can't sleep these days.
② The woman went to the hospital yesterday.
③ The man made an appointment at the hospital in advance.
④ The woman will go to the hospital with the man.

 해설

여자는 남자에게 시간이 있으면 같이 병원에 가 줄 수 있는지 물었고 남자는 좋다고 말했다. 따라서 정답은 ④번이다.

The woman asked the man if he could go to the hospital with her if he has time, and the man agreed. Therefore, the correct answer is ④.

 주제

부탁하기 | making a request

 어휘

바쁘다 busy | 며칠 several days
배가 아프다 stomachache
예약하다 make an appointment
먼저 first

[29~30] 화자의 의도 고르기 /
일치하는 내용 고르기
Identifying the Speaker's Intention /
Choosing the Matching Content

> 여자: 가수 김민수 씨, 요즘은 가수 활동보다
> 달리기로 더 유명하신데요.
> Woman: Singer Kim Minsu, you're more famous
> for running than singing these days.
> 남자: 네. 제가 달리기를 하면서 몸이 아픈
> 아이들을 도와줄 수 있기 때문에 열심히
> 하고 있습니다.
> Man: Yes. I'm working hard at running because I
> can help sick children by doing so.
> 여자: 달리기를 하시면서 어떻게 아이들을 도와
> 주시는 건가요?
> Woman: How do you help children by running?
> 남자: 제가 1km 달릴 때마다 그 돈을 아이들
> 병원에 보내고 있습니다. 제가 많이 달리면
> 더 많은 돈을 아픈 아이들을 위해 쓸 수
> 있는 거지요.
> Man: For every 1km I run, I donate money to
> a children's hospital. The more I run, the
> more money I can use to help sick children.
> 여자: 그렇군요. 다른 운동도 많이 있는데 특별히
> 달리기를 선택하신 이유가 있을까요?
> Woman: I see. There are many other sports, why
> did you specifically choose running?
> 남자: 달리기는 건강에도 좋고 누구나 할 수 있는
> 운동이라고 생각했습니다.
> Man: I thought running is good for health and
> anyone can do it.

29.
① 아픈 아이들을 도와주고 싶어서
② 다른 운동은 별로 좋아하지 않아서
③ 가수 활동을 하기가 점점 어려워져서
④ 사람들에게 달리기의 장점을 알리고 싶어서

① Because he wants to help sick children
② Because he doesn't like other sports much
③ Because it's getting harder to work as a singer
④ Because he wants to inform people about the benefits of running

남자는 달리기를 하면서 1km 달릴 때마다 그 돈을 아픈 아이들을 위해 병원에 보내고 있다고 말했다. 따라서 정답은 ①번이다.

The man said that he is donating money to a hospital for sick children for every 1km he runs. Therefore, the correct answer is ①.

30.
① 남자는 지금 병원에서 일하고 있습니다.
② 남자는 새로운 운동을 시작하려고 합니다.
③ 남자는 달리기가 건강에 좋다고 생각합니다.
④ 남자는 몸이 아파서 가수 활동을 쉬고 있습니다.

① The man is currently working at a hospital.
② The man is about to start a new sport.
③ The man thinks running is good for health.
④ The man is taking a break from his singing career because he's sick.

남자는 다른 운동도 많이 있는데 특별히 달리기를 선택한 이유가 건강에도 좋고 누구나 할 수 있는 운동이라고 생각한다고 말했다. 따라서 정답은 ③번이다.

The man said that he specifically chose running among many other sports because it's good for health and anyone can do it. Therefore, the correct answer is ③.

인터뷰 interview

가수 활동 singing career | 달리기 running
유명하다 famous | 아프다 sick
열심히 hardworking | 보내다 send (money)
선택하다 choose | 건강 health | 누구나 anyone

• 읽기 (31~70번) 정답

31	③	32	②	33	③	34	④	35	①
36	④	37	④	38	②	39	④	40	②
41	③	42	②	43	①	44	③	45	②
46	④	47	④	48	③	49	②	50	④
51	①	52	②	53	②	54	③	55	②
56	④	57	②	58	①	59	①	60	①
61	④	62	④	63	③	64	③	65	④
66	④	67	③	68	④	69	②	70	②

[31~33] 화제 고르기
Selecting the Topic

31.

 해설

한국과 인도네시아는 나라이다. 나라에 대해 이야기하고 있다. 따라서 정답은 ③번이다.

Korea and Indonesia are countries. The conversation is about countries. Therefore, the correct answer is ③.

 어휘

한국 Korea | 인도네시아 Indonesia

32.

 해설

비행기를 타고 여행을 가고 다양한 곳을 구경한다. 따라서 정답은 ②번이다.

They travel by plane and visit various places. Therefore, the correct answer is ②.

 어휘

비행기 | airplane

33.

 해설

자는 시간은 11시, 일어나는 시간은 7시이다. 시간에 대해 이야기하고 있다. 따라서 정답은 ③번이다.

The time to sleep is 11 o'clock, and the time to wake up is 7 o'clock. The statement is about time. Therefore, the correct answer is ③.

 어휘

자다 sleep | 일어나다 wake up

[34~39] 빈칸에 알맞은 말 고르기
Choosing the Appropriate Word for the Blank

34.

 해설

우체국에서 할 수 있는 일 중 편지를 가지고 할 수 있는 일을 고르면 된다. 따라서 정답은 ④번이다.

Among the things you can do at the post office, you should choose what you can do with a letter. Therefore, the correct answer is ④.

 어휘

우체국 post office | 친구 friend | 편지 letter
보내다 send

35.

 해설

눈이 나쁠 때 잘 볼 수 있게 해 주는 도구를 고르면 된다. 따라서 정답은 ①번이다.

When your eyesight is poor, you should choose a tool that helps you see better. Therefore, the correct answer is ①.

 어휘

눈 eye | 나쁘다 bad | 안경 glasses
쓰다 wear

36.

 해설

친구가 늦게 왔을 때 할 수 있는 일을 고르면 된다. 따라서 정답은 ④번이다.

You should choose what you can do when your friend is late. Therefore, the correct answer is ④.

 어휘

늦다 late | 읽다 read | 입다 wear
기다리다 wait

37.

해설

한복의 색에 대해 이야기하고 있다. 색이 어떤지 고르면 된다. 따라서 정답은 ④번이다.

The conversation is about the color of Hanbok (Korean traditional dress). You should choose how the color looks. Therefore, the correct answer is ④.

어휘

한복 Hanbok | 입다 wear | 색 color
달다 sweet | 싸다 cheap | 편하다 comfortable
예쁘다 pretty

38.

해설

시간이 없을 때 얼마나 바쁜지 설명할 수 있는 부사 '너무'를 고르면 된다. 따라서 정답은 ②번이다.

To describe how busy it is when there's no time, you can choose the adverb '너무'. Therefore, the correct answer is ②.

시간 time | 없다 none/not exist
너무 too much/very much | 바쁘다 busy
아까 earlier | 어서 hurry | 빨리 quickly

39.

 해설

빵과 우유를 사는 곳에 대해 이야기하고 있다. 장소를 나타내는 '에서'를 고르면 된다. 따라서 정답은 ④번이다.

The conversation is about where to buy bread and milk. You should choose '에서(at)', which indicates a place. Therefore, the correct answer is ④.

 어휘

편의점 convenience store | 에서 at
빵 bread | 우유 milk | 사다 buy

[40~42] 일치하지 않는 내용 고르기
Choosing the Non-matching Content

40.

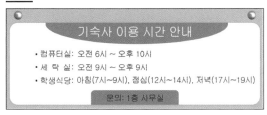

Dormitory Operation Hours Guide
Computer room: 6 AM ~ 10 PM
Laundry room: 9 AM ~ 9 PM
Student cafeteria: Breakfast (7 AM ~ 9 AM),
Lunch (12 PM ~ 2 PM), Dinner (5 PM ~ 7 PM)
Inquiries: Office on the first floor

① 오후 여덟 시에 빨래를 할 수 있습니다.

② **일 층 사무실에서 질문을 할 수 있습니다.** (→일층)
③ 저녁 아홉 시에 컴퓨터를 할 수 있습니다.
④ 오전 일곱 시에 아침을 먹을 수 있습니다.

① You can do laundry at eight in the evening.
② You can ask questions in the office on the second floor. (→first floor)
③ You can use the computer at nine in the evening.
④ You can have breakfast at seven in the morning.

 해설

기숙사 이용 시간에 대한 안내이다. 사무실은 일 층에 있다. 따라서 정답은 ②번이다.

This is an information about the dormitory operation hours. The office is on the first floor. Therefore, the correct answer is ②.

 어휘

컴퓨터실 computer room | 세탁실 laundry room
학생식당 student cafeteria | 오전 morning
오후 afternoon | 아침 breakfast | 점심 lunch
저녁 dinner

41.

Invitation
We are getting married.
Please come and celebrate with us.
Date: Saturday, August 26th at 1 PM
Location: Seoul Wedding Hall, 3rd floor

① 사람들을 초대하고 싶습니다.
② 서울예식장 3층에서 결혼합니다.

③ **결혼식은 토요일 저녁에 있습니다.** (→오후 1시)
④ 서울예식장은 지하철역에서 가깝습니다.

① I want to invite people.
② We are getting married on the 3rd floor of Seoul Wedding Hall.
③ The wedding is on Saturday evening. (→1 PM)
④ Seoul Wedding Hall is close to the subway station.

 해설

결혼식 초대장에는 예식장 지도, 결혼식 날짜와 장소가 있다. 결혼식은 저녁이 아닌 오후 1시이다. 따라서 정답은 ③번이다.

The wedding invitation includes a map of the wedding hall, and the date and location of the wedding. The wedding is not in the evening but at 1 PM. Therefore, the correct answer is ③.

 어휘

초대장 invitation | 결혼하다 get married
축하하다 celebrate | 날짜 date | 장소 location

42.

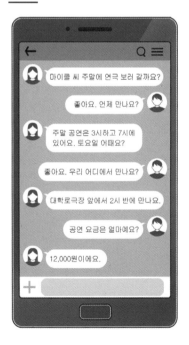

Sumi: Michael, would you like to go see a play this weekend?
Michael: Sounds good. When shall we meet?
Sumi: The weekend performances are at 3 and 7 o'clock. How about Saturday?
Michael: Sounds good. Where shall we meet?
Sumi: Let's meet in front of the Daehak-ro Theater at 2:30.
Michael: How much is the performance fee?
Sumi: It's 12,000 won.

① 주말 공연은 하루에 두 번 합니다.
② **일요일에는 연극을 볼 수 없습니다.** (→일요일에도 연극을 볼 수 있음)
③ 연극은 만 이천 원에 볼 수 있습니다.
④ 두 사람은 토요일 오후에 만날 겁니다.

① There are two performances a day on weekends.
② You can't watch a play on Sunday. (→You can also watch a play on Sunday.)
③ You can watch a play for 12,000 won.
④ The two people are going to meet on Saturday afternoon.

 해설

수미와 마이클이 연극을 보기로 약속하고 있다. 연극은 토요일, 일요일 3시, 7시에 한다. 따라서 정답은 ②번이다.

Sumi and Michael have agreed to watch a play. The play is at 3 PM and 7 PM on Saturdays and Sundays. Therefore, the correct answer is ②.

 어휘

연극 play | 공연 performance | 극장 theater
요금 fee

[43~45] 일치하는 내용 고르기
Choosing the Matching Content

43.

> 저는 베트남 사람입니다. 다음 달에 베트남으로 돌아갑니다. 그래서 오늘 친구와 함께 백화점에 가서 가족 선물을 샀습니다.
> I am Vietnamese. I am going back to Vietnam next month. So today, I went to the department store with my friend to buy a gift for my family.

① 저는 오늘 백화점에 갔습니다.

② 저는 베트남에 살고 있습니다. (→다음 달에 베트남으로 돌아감)

③ 저는 친구 선물을 사러 갔습니다. (→가족 선물을 삼)

④ 저는 가족과 선물을 사러 갈 겁니다. (→친구와)

① I went to the department store today.

② I live in Vietnam. (→Going back to Vietnam next month)

③ I went to buy a gift for my friend. (→Bought a gift for family)

④ I will go shopping for gifts with my family. (→Went with a friend)

 해설

베트남에 돌아가기 때문에 오늘 가족 선물을 사려고 친구와 백화점에 갔다. 따라서 정답은 ①번이다.

The speaker went to the department store with a friend today to buy a family gift because they are returning to Vietnam. Therefore, the correct answer is ①.

 어휘

베트남 Vietnam | 돌아가다 return/go back
선물 gift/present

44.

> 저는 농구를 좋아해서 친구와 자주 농구장에 갑니다. 지난주에는 다른 팀과 농구를 했습니다. 너무 재미있어서 이번 주말에도 농구를 할 겁니다.
> I love basketball, so I often go to the basketball court with my friends. Last week, we played basketball with another team. It was so much fun that we're going to play basketball again this weekend.

① 저는 농구장에서 농구를 봤습니다. (→ 농구를 했습니다.)

② 저는 다른 팀과 자주 농구를 합니다. (→ 친구와 자주 농구장에 갑니다.)

③ 저는 이번 주말에 농구장에 갈 겁니다.

④ 저는 지난주에 처음 농구장에 갔습니다. (→자주 농구장에 갑니다.)

① I watched basketball at the basketball court. (→I played basketball.)

② I often play basketball with other teams. (→I often go to the basketball court with my friends.)

③ I will go to the basketball court this weekend.

④ I went to the basketball court for the first time last week. (→I often go to the basketball court.)

 해설

농구장에서 친구와 농구를 자주 한다. 지난주에도 가서 농구를 했고 이번 주말에도 농구를 할 거라고 이야기하고 있다. 따라서 정답은 ③번이다.

He often plays basketball with his friends at the basketball court. He also mentioned that he played last week and will play again this weekend. Therefore, the correct answer is ③.

 어휘

농구장 basketball court | 팀 team

45.

> 어제는 휴일이라서 친구와 광화문에 갔습니다. 한복을 입고 싶었지만 사람이 많아서 못 입었습니다. 그래서 박물관 구경을 하고 맛집에 갔습니다.
> Yesterday was a holiday, so I went to Gwanghwamun with my friend. I wanted to wear a hanbok, but there were too many people so I couldn't. So, we went sightseeing at the museum and then went to a famous restaurant.

① 저는 혼자 박물관에 갔습니다. (→친구와)
② **저는 휴일에 친구를 만났습니다.**
③ 저는 종로에서 ~~한복을 입었습니다.~~ (→한복을 입고 싶었지만 못 입음)
④ 저는 친구와 광화문에 ~~못 갔습니다.~~ (→갔습니다.)

① I went to the museum alone. (→Went with a friend)
② I met my friend on the holiday.
③ I wore a hanbok in Jongno. (→Wanted to wear a hanbok but couldn't)
④ I couldn't go to Gwanghwamun with my friend. (→I did go)

 해설

휴일에 하는 일에 대해 이야기하고 있다. 광화문에서 친구와 함께 이것저것 한 일을 이야기하고 있다. 따라서 정답은 ②번이다.

This passage is about what one does on a holiday. The speaker is discussing various activities they did with a friend in Gwanghwamun. Therefore, the correct answer is ②.

 어휘

휴일 holiday | 한복 Hanbok | 박물관 museum
맛집 famous restaurant

[46~48] 중심 내용 고르기
Choosing the Central Content

46.

> 저는 여행을 좋아합니다. 하지만 단체 여행은 싫습니다. 가격은 저렴하지만 유명한 관광지만 가기 때문입니다.
> I like traveling. However, I don't like group tours. Although they are cheap, they only go to famous tourist spots.

① 여러 나라에 여행하고 싶습니다.
② 유명한 관광지에 가는 것을 좋아합니다.
③ 돈이 많이 들지 않는 여행을 하고 싶습니다.
④ **여러 명이 함께 가는 여행을 좋아하지 않습니다.**

① I want to travel to many countries.
② I like going to famous tourist spots.
③ I want to go on a trip that doesn't cost much.
④ I don't like traveling with many people.

 해설

이 사람은 여행을 좋아하지만 단체 여행을 싫어한다. 따라서 정답은 ④번이다.

This person likes traveling but dislikes group tours. Therefore, the correct answer is ④.

 어휘

단체 여행 group tour | 저렴하다 cheap
관광지 tourist spot

47.

> 저는 강아지와 밖에 나가서 놉니다. 그런데 집 앞에 강아지 놀이터가 생겨서 자주 가려고 합니다. 여기는 강아지와 편하게 놀 수 있어서 좋습니다.
> I enjoy going outside to play with my dog. Now that a dog playground has been established near my

house, I'm looking forward to visiting more often. I like it here because I can comfortably play with my dog.

① 강아지 놀이터를 찾고 있습니다.
② 집에서 강아지와 노는 게 좋습니다. (→밖에서)
③ 강아지와 편한 곳에서 놀고 싶습니다.
❹ 집 앞에 생긴 놀이터가 마음에 듭니다.

① I am looking for a dog playground.
② I like playing with my dog at home. (→outside)
③ I want to play in a comfortable place with my dog.
④ I like the playground that was set up near my house.

 해설

강아지 놀이터가 생겨서 자주 가려고 한다. 이 사람은 새로 생긴 놀이터가 좋다. 따라서 정답은 ④번이다.

The speaker plans to frequently visit the newly established dog playground. The speaker expresses that they like this new playground. Therefore, the correct answer is ④.

 어휘

강아지 dog | 밖 outside | 나가다 go out
놀다 play | 놀이터 playground
생기다 established/set up

48.

> 저는 감기에 걸려서 오늘도 학교에 못 갑니다. 선생님과 친구도 보고 싶고 공부도 하고 싶습니다. **약을 먹고 빨리 나아서 학교에 갈 겁니다.**
> I caught a cold, so I can't go to school today either. I miss my teacher and friends and I want to study. I will go to school once I quickly recover from taking the medicine.

① 감기가 빨리 나아서 행복합니다. (→아직 감기가 낫지 않았음.)

② 몸이 아프지 않으면 좋겠습니다.
❸ 감기가 나으면 학교에 갈 겁니다.
④ 몸이 아파서 학교에 못 갈 겁니다. (못 갔습니다.)

① I'm happy that my cold has gotten better quickly. (→ The cold has not gotten better yet.)
② I wish I wasn't sick.
③ If my cold gets better, I will go to school.
④ I can't go to school because I'm sick. (→I couldn't go.)

 해설

감기에 걸려서 학교에 못 갔지만 감기가 나으면 학교에 갈 거다. 따라서 정답은 ③번이다.

The speaker couldn't go to school because they caught a cold, but the speaker will go to school once their cold gets better. Therefore, the correct answer is ③.

 어휘

감기 cold | (병에) 걸리다 catch (a disease)
약 medicine | 낫다 get better/recover

163

[49~50] 빈칸에 알맞은 말 고르기 / 일치하는 내용 고르기
Choosing the Appropriate Word for the Blank / Choosing the Matching Content

저는 지난 주말에 '맛집'을 소개하는 텔레비전 프로그램을 봤습니다. 그 프로그램에 나온 음식은 정말 (㉠). 그래서 어제 친구와 같이 그 식당에 갔습니다. 사람들이 많아서 우리는 한 시간을 기다려서 음식을 먹었습니다. 그런데 생각한 것과 달라서 조금 실망했습니다.

Last weekend, I watched a TV program that introduced '맛집(gourmet restaurants)'. The food featured in the program looked really delicious. So, yesterday, I went to that restaurant with my friend. There were many people, so we had to wait for an hour to eat. However, it was a bit disappointing because it was different from what I had expected.

49.

① 맛있어야 합니다
② 맛있어 보였습니다
③ 맛있기 때문입니다
④ 맛있으면 좋겠습니다

① It should be delicious (The food featured in that program should really be delicious.)
② It looked delicious (The food featured in the program looked really delicious.)
③ Because it's delicious (Because the food featured in that program is really delicious.)
④ It would be nice if it's delicious (It would be nice if the food featured in that program was really delicious.)

 해설

TV 프로그램을 보고 맛집에 갔다. 음식이 맛있어 보여

서 그렇게 한 것이다. 따라서 정답은 ②번이다. After watching the TV program, he went to the gourmet restaurant. He did so because the food looked delicious. Therefore, the correct answer is ②.

50.

① 텔레비전에 나온 식당 음식은 ~~맛있었습니다~~. (→생각했던 것과 달라서 조금 실망했다.)
② 텔레비전에 나온 식당에서 음식을 ~~못 먹었습니다~~. (→한 시간을 기다려서 음식을 먹었다.)
③ 텔레비전에 나온 식당에 ~~다음 주에 가려고 합니다~~. (→어제 친구와 같이 갔다.)
④ 텔레비전에 나온 음식을 먹으러 온 사람이 많았습니다.

① The food at the restaurant shown on TV was delicious. (→It was a bit disappointing because it was different from what he had expected.)
② I couldn't eat at the restaurant shown on TV. (→waited for an hour and ate.)
③ I plan to go to the restaurant shown on TV next week. (→went there yesterday with a friend.)
④ There were many people who came to eat the food shown on TV.

 해설

이 사람은 TV를 보고 맛집에 갔지만 사람이 많아서 기다렸다. 따라서 정답은 ④번이다.

He watched TV and went to a gourmet restaurant but had to wait because there were many people. Therefore, the correct answer is ④.

✔ 어휘

소개하다 introduce | 나오다 appear
기다리다 wait | 실망하다 disappoint

[51~52] 빈칸에 알맞은 말 고르기 / 화제 고르기
Choosing the Appropriate Word for the Blank / Selecting the Topic

> 먹고 남은 우유를 버리지 말고 **김치를 만들 때** 조금 넣어 보십시오. 김치 색깔이 더 예뻐지고 오랫동안 신선한 김치를 먹을 수 있습니다. (㉠) **카레 요리를 할 때** 마지막에 우유를 조금 넣으면 부드러운 카레를 먹을 수 있습니다. 우유로 **구두나 가구도 깨끗하게 닦을 수 있습니다.** 몸에 좋은 우유를 생활 속에서 사용하면 환경도 지킬 수 있습니다.
>
> Don't throw away the leftover milk but try adding a little when making kimchi. The color of the kimchi will become more beautiful, and you can enjoy fresh kimchi for a longer period. Also, if you add a little milk at the end when cooking curry, you can enjoy a smooth curry. You can also clean shoes or furniture with milk. Using milk, which is good for the body, in daily life can also help protect the environment.

51.

① **그리고**   ② 그러면
③ 그러나   ④ 그래서

① And(/also) (Also, if you add a little milk at the end when cooking curry, you can enjoy a smooth curry.)
② Then (Then, if you add a little milk at the end when cooking curry, you can enjoy a smooth curry.)
③ However (However, if you add a little milk at the end when cooking curry, you can enjoy a smooth curry.)
④ Therefore (Therefore, if you add a little milk at the end when cooking curry, you can enjoy a smooth curry.)

 해설

우유는 김치를 만들 때도, 카레 요리를 할 때도 넣으면 맛있게 먹을 수 있다. 따라서 정답은 ①번이다.

Milk can make both kimchi and curry dishes taste better when added. Therefore, the answer is option ①

52.

① 우유를 먹는 이유
② **우유로 할 수 있는 일**
③ 우유로 청소하는 방법
④ 우유로 만들 수 있는 음식

① Reasons to drink milk
② Things you can do with milk
③ How to clean with milk
④ Foods you can make with milk

 해설

우유로 할 수 있는 일에 대해 이야기하고 있다. 음식을 만들 때, 구두나 가구를 닦을 때도 사용할 수 있음을 설명하고 있다. 따라서 정답은 ②번이다.

The passage talks about things you can do with milk. It explains that it can be used when cooking and cleaning shoes or furniture. Therefore, the correct answer is ②.

 어휘

만들다 make | 남다 leftover | 우유 milk
버리다 throw away | 넣다 add | 신선하다 fresh
카레 curry | 부드럽다 smooth | 구두 shoes
가구 furniture | 닦다 clean | 생활 daily life
환경 environment | 지키다 protect

[53~54] 빈칸에 알맞은 말 고르기 / 일치하는 내용 고르기
Choosing the Appropriate Word for the Blank / Choosing the Matching Content

53.

> 저와 제 남동생은 생일이 같습니다. 우리는 얼굴이 아주 비슷합니다. 머리 스타일도 같고 키도 비슷합니다. 또 좋아하는 음악도 똑같습니다. 그리고 둘 다 작은 일에도 잘 웃습니다. 그래서 사람들이 (㉠) 동생으로 생각할 때가 많습니다.
>
> My younger brother and I share the same birthday. We have very similar faces. Our hairstyles and heights are also similar. Moreover, we both enjoy the same music. We both tend to laugh easily even at small things. Therefore, when people see me, they often mistake me for the younger sibling.

① 저를 봐서
❷ 저를 보면
③ 저를 보거나
④ 저를 보니까

① because they see me (Therefore, people often think of me as a younger brother because they see me.)
② when they see me (Therefore, when people see me, they often mistake me for the younger sibling.)
③ whether they see me (Therefore, people often see me or think of me as a younger brother.)
④ because they see me (Therefore, people often think of me as a younger brother because they see me.)

 해설

생일 같은 형제에 대한 이야기이다. 생김새가 비슷해서 동생과 헷갈린다는 이야기를 하고 있다. 따라서 정답은 ②번이다.

This is a story about siblings who share the same birthday. The story tells that they often get confused with each other because they look similar. Therefore, the correct answer is ②.

54.

① 저와 남동생은 잘 웃지 ~~않습니다~~. (→ 웃습니다)
② 저와 남동생은 머리 모양이 ~~다릅니다~~. (→ 같습니다)
❸ 저와 남동생은 같은 날에 태어났습니다.
④ 저와 남동생은 다른 음악을 ~~좋아합니다~~. (→ 좋아하는 음악도 똑같습니다)

① My younger brother and I don't laugh much. (→We do laugh)
② My younger brother and I have different hairstyles. (→We have the same hairstyle)
③ My younger brother and I were born on the same day.
④ My younger brother and I like different music. (→ We like the same music)

 해설

두 사람은 생일이 같다. 같은 날에 태어난 것이다. 따라서 정답은 ③번이다.

They share the same birthday, meaning they were born on the same day. Therefore, the correct answer is ③.

 어휘

생일 birthday | 얼굴 face | 비슷하다 similar
스타일 style | 똑같다 same | 웃다 laugh

[55~56] 빈칸에 알맞은 말 고르기 / 일치하는 내용 고르기
Choosing the Appropriate Word for the Blank / Choosing the Matching Content

> 저는 어제 처음 자전거를 탔습니다. 아버지가 제 자전거를 잡아 주셨지만 넘어질 것 같았습니다. 저는 너무 무서워서 아버지를 불렀습니다. (㉠) 아버지의 목소리가 점점 작아졌습니다. 이상해서 뒤를 봤는데 아버지가 멀리서 웃고 계셨습니다. 그때부터 저는 혼자 자전거를 타게 되었습니다.
>
> Yesterday, I rode a bicycle for the first time. My father held my bicycle, but I felt like I was going to fall. I was so scared that I called out to my father. However, his voice gradually became fainter. It was strange, so I looked back and saw my father smiling from a distance. From that moment on, I started riding the bicycle by myself.

55.
① 그래서　　　　　**② 하지만**
③ 그러면서　　　　④ 그러니까

① Therefore　　　② However
③ While doing so　④ So

 해설

자전거를 타는 방법을 배운 경험에 대해 이야기하고 있다. 아버지를 불렀을 때 가까운 곳에 있었다면 목소리가 잘 들렸을 것이다. 그렇지만 목소리가 잘 들리지 않았다. 따라서 정답은 ②번이다.

The passage is about the experience of learning how to ride a bicycle. If the father had been close when the speaker called him, his voice would have been loud. But his voice was not loud. Therefore, the correct answer is ②.

56.
① 저는 아버지를 보고 웃었습니다.
② 아버지와 저는 같이 자전거를 탔습니다.
③ 저는 무서워서 아버지를 계속 잡았습니다.
④ 아버지가 자전거를 타는 것을 가르치셨습니다.

① I laughed when I saw my father.
② My father and I rode a bicycle together.
③ I was scared and kept holding onto my father.
④ My father taught me how to ride a bicycle.

 해설

아버지가 처음에 자전거를 잡아 주셨고, 나중에는 혼자 탈 수 있게 했다. 아버지는 자전거 타는 방법을 가르쳐 주셨다. 따라서 정답은 ④번이다.

The father initially held the bicycle and later enabled the speaker to ride alone. The father taught the speaker how to ride a bicycle. Therefore, the correct answer is ④.

어휘

자전거 bicycle | 잡다 hold | 넘어지다 fall over
부르다 call | 이상하다 strange | 웃다 laugh

[57~58] 알맞은 순서로 배열한 것 고르기
Selecting the Correctly Arranged Order

57.

> (가) 경복궁은 정말 아름답고 좋았습니다.
> (나) 그래서 우리는 드라마에 나온 경복궁에 갔습니다.
> (다) 지난주에 친한 고향 친구가 한국에 놀러 왔습니다.
> (라) 우리는 고향에 있을 때 한국 드라마를 많이 봤습니다.
> (A) Gyeongbokgung was really beautiful and nice.
> (B) So we went to Gyeongbokgung Palace that appeared in the drama.
> (C) Last week, a close friend from my hometown came to Korea for a visit.
> (D) We watched a lot of Korean dramas when we were in our hometown.

① (다)-(가)-(라)-(나)　❷ (다)-(라)-(나)-(가)
③ (라)-(가)-(다)-(나)　④ (라)-(다)-(나)-(가)

 해설

'그래서'와 같은 표지는 첫 문장에 어울리지 않는다. 경복궁에 간 이유들이 앞에 나열되면 된다. 지난주에 친구가 왔고, 친구와 드라마를 자주 봤는데 드라마에 나온 경복궁을 알게 돼서 경복궁에 갔다는 이야기이다. 마지막은 경복궁에 다녀온 후의 느낌까지 이야기하면 글이 마무리된다. 따라서 정답은 ②번이다.

Markers like '그래서(so)' do not fit well in the first sentence. The reasons for going to Gyeongbokgung should be listed first. This story is about a friend who visited last week, and through frequently watching dramas together, they learned about Gyeongbokgung Palace featured in the dramas, leading them to visit there. The story concludes with the feelings after visiting Gyeongbokgung Palace. Therefore, the correct answer is option ②.

 어휘

경복궁 Gyeongbokgung Palace | 아름답다 beautiful
드라마 drama | 친하다 close friend

58.

> (가) 하지만 모든 책을 처음부터 읽을 필요가 없습니다.
> (나) 대부분의 사람들은 책을 읽을 때 첫 장부터 읽습니다.
> (다) 전체 글보다 작가의 생각을 읽는 것이 더 중요하기 때문입니다.
> (라) 작가도 책을 쓸 때 처음부터 마지막까지 차례로 쓰지 않습니다.
> (A) However, you don't need to read every book from the beginning.
> (B) Most people read books from the first chapter.
> (C) Because reading the author's thoughts is more important than reading the entire text.
> (D) Even authors don't write books in order from beginning to end.

❶ (나)-(가)-(라)-(다)　② (나)-(다)-(가)-(라)
③ (라)-(가)-(다)-(나)　④ (라)-(다)-(가)-(나)

 해설

'하지만'과 같은 표지는 첫 문장에 어울리지 않는다. 책을 읽는 방법에 대한 이야기이므로 대부분의 사람들이 어떻게 읽는지에 대한 내용이 첫 문장으로 어울린다. 첫 장부터 읽는 것이 중요하지 않음을 설명하는 내용이 뒤에 이어져야 한다. 따라서 정답은 ①번이다.

Markers like '하지만(however)' do not fit well in the first sentence. As this is a story about how to read a book, it fits as the first sentence to talk about how most people read. The explanation that it is not important to read from the first chapter should follow. Therefore, the correct answer is ①.

 어휘

처음 beginning | 필요 need | 대부분 most

첫 장 first chapter | 전체 entire | 글 text
작가 author | 차례 order

[59~60] 문장이 들어갈 위치 고르기 / 일치하는 내용 고르기
Choosing the Position for the Sentence / Choosing the Matching Content

> 제 집에는 오래된 물건이 많습니다. (㉠) 지금 쓰고 있는 옷장은 십 년 전에 부모님께서 사 주신 것입니다. (㉡) 그리고 이 의자는 제가 첫 월급을 받았을 때 산 것입니다. (㉢) 이 물건들에는 모두 특별한 추억이 있어서 볼 때마다 기분이 좋습니다. (㉣) 그래서 저는 오래된 물건이 너무 좋습니다.
>
> There are many old items in my house. (㉠) The wardrobe I'm using now was bought by my parents ten years ago. (㉡) And this chair is what I bought when I received my first salary. (㉢) All these items have special memories, so I feel good every time I see them. (㉣) That's why I really like old items.

59.

> 왜냐하면 제가 물건을 소중하게 생각하기 때문입니다.
> Because I value them greatly.

❶ ㉠   ② ㉡   ③ ㉢   ④ ㉣

 해설

이 사람은 물건을 버리지 못해서 오래된 물건이 많다. 따라서 '왜냐하면' 앞에는 내용의 결과가 나와야 한다. 따라서 정답은 ①번이다.

The speaker has a lot of old items because they can't throw things away. Therefore, '왜냐하면(because)' should be followed by the result of the previous content. Therefore, the correct answer is ①.

60.

① 저는 10년 전 옷장을 지금도 사용합니다.
② 제 부모님은 첫 월급으로 의자를 샀습니다.
③ 제 의자는 오래 전에 선물로 받은 것입니다.
④ 저는 특별한 물건들을 사는 것을 좋아합니다.

① I still use the wardrobe from ten years ago.
② My parents bought a chair with their first salary.
③ My chair was a gift from a long time ago.
④ I like buying special items.

 해설

이 사람이 지금 사용하고 있는 옷장은 10년 전에 부모님이 사 주신 것이다. 따라서 정답은 ①번이다.

The wardrobe this person is currently using was bought by their parents ten years ago. Therefore, the correct answer is ①.

 어휘

주택 house | 오래되다 old | 물건 item | 옷장 wardrobe
월급 salary | 추억 memory | 버리다 throw away

[61~62] 빈칸에 알맞은 말 고르기 / 일치하는 내용 고르기
Choosing the Appropriate Word for the Blank / Choosing the Matching Content

> 부산 해운대 해변 앞 도로는 주말에 차가 다닐 수 없습니다. 복잡한 길을 걷기 편한 거리로 (㉠) 부산시가 이곳을 '차 없는 거리'로 만든 것입니다. 사람들은 주말마다 이곳에서 바다를 보면서 산책을 하거나, 해수욕을 즐깁니다. 배가 고프면 길에서 해산물 음식을 사 먹을 수도 있습니다. 자유롭고 밝은 분위기 때문에 남녀노소 모두 이곳을 많이 찾고 있습니다.
>
> The road in front of Haeundae Beach in Busan is car-free on weekends. The Busan city government has transformed this busy road into a 'car-free street' for a more comfortable walking experience. Every weekend, people come here to enjoy a stroll while looking at the sea, or to swim. If you're hungry, you can also buy seafood dishes along the way. Thanks to its free and bright atmosphere, this place is popular among people of all ages and genders.

61.

① 바꾸고   ② 바꿔서
③ 바꾸지만   **④ 바꾸려고**

① (The complex road was turned into a convenient street to walk, and Busan city government turned it into a "car-free street.")
② (The Busan city government turned the complicated road into a "car-free street" by turning it into a convenient street to walk.)
③ (Although the complicated road is turned into a comfortable street, Busan city government has made it a "car-free street.")
④ (The Busan city government turned this place into a "car-free street" in order to turn the complicated road into a convenient street to walk.)

 해설

'차 없는 거리'에 대한 내용이다. 복합한 길을 걷기 편하게 하려고 주말에 '차 없는 거리'로 만들었다. 걷기 편한 거리로 바꾼 것이다. 따라서 정답은 ④번이다.

This is about a 'car-free street'. The government made it a 'car-free street' on weekends to make the complex road comfortable for walking. They changed it into a comfortable walking distance. Therefore, the correct answer is ④.

62.

① 평일에는 이 해변에 차가 다닐 수 없습니다.
② 배가 고프면 이곳에서 음식을 만들어 먹습니다.
③ 해운대 앞은 항상 복잡해서 산책하기 어렵습니다.
④ 이 도로는 많은 사람들이 좋아하는 거리가 되었습니다.

① Cars cannot drive on this beach on weekdays.
② If you're hungry, you can cook food here.
③ It's always crowded in front of Haeundae, making it difficult to walk.
④ This road has become a street that many people like.

 해설

해운대 앞 도로는 주말에만 복잡하다. 또한 많은 사람들이 찾는 곳이 되었다. 따라서 정답은 ④번이다.

The road in front of Haeundae is only crowded on weekends. Also, it has become a place that many people visit. Therefore, the correct answer is ④.

 어휘

해변 beach | 도로 road | 복잡하다 complex
거리 distance | 해수욕 swimming | 해산물 seafood
자유롭다 free | 분위기 atmosphere
남녀노소 men and women of all ages

[63~64] 필자의 의도/목적 고르기 / 일치하는 내용 고르기
Selecting Author's Intention/Purpose / Choosing the Matching Content

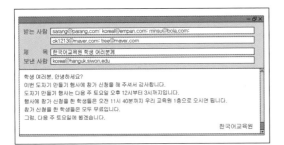

Dear students,

Hello!

Thank you for signing up for our pottery-making event.

The pottery-making event will take place next Saturday from 12 p.m. to 3 p.m.

Students who have signed up for the event should come to the first floor of our educational institute by 11:40 a.m. Participation is free for all students who have signed up.

See you next Saturday.

Korean Language Institute

63.

① 참가 신청을 받으려고
② 참가 신청을 취소하려고
❸ **행사 시간과 장소를 알려주려고**
④ '도자기 만들기' 행사에 참가하려고

① To receive participation applications
② To cancel participation applications
③ To inform about the event time and location
④ To participate in the 'pottery-making' event

도자기 만들기 행사에 대한 이야기로 행사의 시간과 장소를 알려주려고 메일을 썼다. 따라서 정답은 ③번이다.

The email was written to inform about the time and location of the pottery-making event. Therefore, the correct answer is ③.

64.

① '도자기 만들기'는 두 시간 동안 합니다. (→ 세 시간 동안)
② 도자기를 만들려면 참가비를 내야 합니다. (→ 참가 신청을 한 학생들은 모두 무료)
❸ **참가 신청자는 한국어교육원에서 만납니다.**
④ 다음 달에 '도자기 만들기' 행사를 합니다. (→ 이번 주 토요일에)

① The 'pottery-making' lasts for two hours. (→ It lasts for three hours)
② You have to pay a participation fee to make pottery. (→ Participation is free for all students who have signed up)
③ Participants meet at the Korean Language Institute.
④ The 'pottery-making' event will be held next month. (→ It will be held this Saturday)

행사는 3시간 동안 하며, 한국어 교육원에서 만나서 도자기를 만들어 간다. 참가비는 무료이며 행사는 다음 주 토요일에 진행된다. 따라서 정답은 ③번이다.

The event lasts for 3 hours, and participants meet at the Korean Language Institute to make pottery. Participation is free, and the event will be held next Saturday. Therefore, the correct answer is ③.

도자기 pottery | 행사 event
참가 신청 participation application
교육원 educational institute | 무료 free

[65~66] 빈칸에 알맞은 말 고르기 / 일치하는 내용 고르기
Choosing the Appropriate Word for the Blank / Choosing the Matching Content

요즘은 건강에 좋은 음식에 대해 관심이 많습니다. 그래서 상추나 토마토같이 기르기 쉬운 채소를 길러서 먹는 집이 많아졌습니다. 집에서 채소를 직접 기르면 몸에도 좋고 안전한 음식을 (㉠) 그리고 아이와 함께 채소를 기르면 채소를 안 먹는 아이들도 먹게 되고 자연과 친해집니다. 또 채소를 사 먹지 않아도 되니까 돈이 많이 들지 않아서 좋습니다.

These days, there's a lot of interest in healthy food. As a result, many households have started growing easy-to-grow vegetables like lettuce and tomatoes. Growing vegetables at home is not only good for your health but also allows you to eat safe food. Moreover, when children participate in growing vegetables, even those who don't usually eat vegetables start eating them and become closer to nature. Additionally, since you don't have to buy vegetables, it saves a lot of money which is beneficial.

65.
① 먹어도 됩니다
② 먹기로 합니다
③ 먹기 때문입니다
④ **먹을 수 있습니다**

① You can eat (If you grow your own vegetables at home, you can eat healthy and safe food.)
② decide to eat (If you grow your own vegetables at home, you decide to eat healthy and safe food.)
③ because you eat (This is because if you grow your own vegetables at home, you will eat healthy and safe food.)
④ allows you to eat (Growing vegetables at home is not only good for your health but also allows you to eat safe food.)

 해설

채소를 길러서 먹는 것이 건강에 좋다는 이야기를 하고 있다. 직접 기르기 때문에 안전하게 음식을 먹을 수 있다. 따라서 정답은 ④번이다.

The text is discussing the benefits of growing and eating your own vegetables for health. Because you grow them yourself, you can eat food safely. Therefore, the correct answer is option ④.

66.
① 채소를 길러서 파는 사람들이 많아졌습니다.
② 집에서 직접 채소를 기르는 것이 어렵습니다.
③ 채소를 사 먹는 것이 기르는 것보다 더 쌉니다.
④ **채소를 기르면서 아이들은 자연과 가까워집니다.**

① There are many people who grow and sell vegetables.
② It's difficult to grow vegetables at home.
③ Buying and eating vegetables is cheaper than growing them.
④ Children get closer to nature by growing vegetables.

 해설

직접 채소를 길러서 먹는 것이 건강에도 좋을 뿐만 아니라 채소를 좋아하지 않는 아이들도 먹게 된다. 또한 자연과 가까워질 수 있는 기회도 생긴다. 따라서 정답은 ④번이다.

Not only is growing and eating your own vegetables good for health, but children who don't like vegetables also start to eat them. It also provides an opportunity to get closer to nature. Therefore, the correct answer is ④.

 어휘

건강 health | 상추 lettuce | 토마토 tomato
기르다 grow | 안전하다 safe | 자연 nature
친해지다 become closer

[67~68] 빈칸에 알맞은 말 고르기 / 일치하는 내용 고르기
Choose the right word for the blank / choose the right word for the blank

> 김수진 씨는 치과 의사입니다. 도시에 있는 유명한 병원에서 일하고 있습니다. 환자가 많고 바쁘지만 일 년에 두 번은 시골의 작은 마을을 찾아갑니다. 거기에서 이가 아픈 사람들을 보고 도움을 줍니다. 하지만 돈은 (㉠). 그 대신 ==마을 사람들과 식사를 하면서 재미있는 이야기를 듣습니다. 김수진 씨는 그곳에 가는 날을 기다립니다.==
> Ms. Kim Soo-jin is a dentist. She works at a well-known hospital in the city. Despite having a busy schedule with a lot of patients, she visits a small village in the countryside twice a year. There, she helps people with toothaches. However, she doesn't receive any money. Instead, she enjoys meals with the villagers and listens to interesting stories. Ms. Kim Soo-jin eagerly looks forward to the days when she can go there.

67.
① 많이 냅니다
② 벌어야 합니다
❸ 받지 않습니다
④ 별로 없습니다

① pays a lot (However, she pays a lot.)
② needs to earn (However, she needs to earn money.)
③ does not receive (However, she doesn't receive any money.)
④ does not have much (However, she doesn't have much money.)

 해설

치과 의사인 김수진 씨는 이가 아픈 사람들에게 도움을 주고 있다. 돈 대신 식사를 하면서 재미있는 이야기를 듣는다. 돈을 받지 않는 것이다. 따라서 정답은 ③번이다.

Dentist Kim Soo-jin helps people with toothaches. Instead of taking money, she enjoys meals with them and listens to interesting stories. She does not accept any money. Therefore, the correct answer is ③.

68.
① 김수진 씨는 바쁠 때 시골에 가지 못합니다.
② 1년에 2번은 도시에 있는 병원에 환자가 적습니다.
③ 마을 사람들은 김수진 씨의 이야기를 재미있게 듣습니다.
❹ 김수진 씨는 시골 사람들과 함께 보내는 시간을 기다립니다.

① Ms. Kim Soo-jin cannot go to the countryside when she is busy.
② There are few patients at the city hospital twice a year.
③ The villagers enjoy listening to Kim Soo-jin's stories.
④ Kim Soo-jin looks forward to spending time with people in the countryside.

 해설

김수진 씨는 돈을 받지 않고 사람들을 치료해 주지만 마을 사람들과 식사를 하면서 재미있는 이야기를 듣기 때문에 그곳에 가는 날을 기다린다. 따라서 정답은 ④번이다.

Ms. Kim Soo-jin treats people without taking money but looks forward to going there because she enjoys meals and listens to interesting stories with villagers. Therefore, the correct answer is ④.

 어휘

치과 dentist | 도시 city | 환자 patient
시골 countryside | 대신 instead

[69~70] 빈칸에 알맞은 말 고르기 / 일치하는 내용 고르기

Choose the right word in the blank. / Choose the right content

> 우리 옆집에는 개가 한 마리 있습니다. 제가 아이 때 옆집 친구가 키우기 시작했습니다. 어릴 때는 저보다 컸는데 지금은 저보다 작습니다. 옆집 친구와 저는 저녁마다 산책을 시키고 놀아줘서 개와 정이 많이 들었습니다. 그러나 이제 그 개와 헤어져야 합니다. 다음 주에 우리 가족이 이사를 가기 때문입니다. 저는 그 개가 무척 (　㉠　).
>
> There is a dog next door. My neighbor started raising it when I was a child. When I was young, it was bigger than me, but now it's smaller than me. My neighbor and I took the dog for a walk and played with it every evening, so we became very attached to it. However, we have to part with the dog now because our family is moving next week. I'll miss that dog a lot.

69.

① 보고 싶었습니다
② 보고 싶을 겁니다
③ 좋아지고 있습니다
④ 좋아지려고 합니다

① missed (I missed that dog a lot.)
② will miss (I will miss that dog a lot.)
③ be becoming fond of (I am becoming very fond of that dog.)
④ about to like (I am about to like that dog.)

 해설

옆집에 사는 개와 정이 들었는데 이사를 가게 되었다. 못 보게 되었기 때문에 갖게 되는 이 사람의 심정을 고르면 된다. 따라서 정답은 ②번이다.

The person became attached to the dog but had to part with it because of moving. The question asks about the person's feelings towards the dog. Therefore, the correct answer is ②.

70.

① 저는 이사를 가서 개를 키울 겁니다.
② 저는 개와 헤어지게 되어서 슬픕니다.
③ 저는 개 때문에 이사를 갈 수 없습니다.
④ 저는 개가 보고 싶을 때 그 집에 갈 겁니다.

① I will move and raise a dog.
② I am sad because I have to part with the dog.
③ I cannot move because of the dog.
④ I will visit that house when I miss the dog.

 해설

이 사람은 이사를 가기 때문에 이후에 정이 든 개를 볼 수 없다. 개와 헤어지게 돼서 슬프다. 따라서 정답은 ② 번이다.

The speaker cannot see the beloved dog anymore because they are moving. The speaker is sad about parting with the dog. Therefore, the correct answer is ②.

 어휘

옆집 next door | 키우다 raise
정이 들다 become attached | 헤어지다 part with
이사를 가다 move | 무척 very much

THE THIRD
ANSWER AND EXPLANORTIONS
제3회 정답 및 해설

• 듣기 (1~30번) 정답

1	②	2	④	3	③	4	①	5	①
6	③	7	③	8	④	9	①	10	④
11	①	12	④	13	②	14	④	15	①
16	②	17	③	18	②	19	③	20	③
21	①	22	④	23	③	24	③	25	④
26	②	27	②	28	①	29	②	30	②

[1-4] 이어지는 내용 유추하기
Inferring the Following Content

1.

남자: 친구가 많아요?
Man: Do you have many friends?
여자: _____.

① 네, 친구가 없어요.
② 네, 친구가 많아요.
③ 아니요, 친구가 있어요.
④ 아니요, 친구가 아니에요.

① Yes, I don't have friends.
② Yes, I have many friends.
③ No, I have friends.
④ No, they are not my friends.

 해설

친구가 많으면 '네, 친구가 많아요.', 친구가 없으면 '아

니요, 친구가 없어요.'가 된다. 따라서 정답은 ②번이다.

In response to the man's question, if you have many friends, you can answer 'Yes, I have many friends.', and if you don't have friends, you can answer 'No, I don't have friends.'. Therefore, the correct answer is option ②.

 주제

일상 대화 everyday conversation

 어휘

친구 friend | 많다 plentiful, many

2.

여자: 수박을 먹어요?
Woman: Do you eat watermelon?
남자: _____.

① 네, 수박이에요.
② 네, 수박을 싫어해요.
③ 아니요, 수박이 있어요.
④ 아니요, 수박을 안 먹어요.

① Yes, it's a watermelon.
② Yes, I dislike watermelon.
③ No, I have a watermelon.
④ No, I don't eat watermelon.

 해설

수박을 먹으면 '네, 수박을 먹어요.', 수박을 안 먹으면 '아니요, 수박을 안 먹어요.'가 된다. 따라서 정답은 ④ 번이다.

If you eat watermelon, it would be "Yes, I eat water-melon." If you don't eat watermelon, it would be "No, I don't eat watermelon." Therefore, the correct answer is ④.

 주제

일상 대화 everyday conversation

 어휘

수박 watermelon | 먹다 eat

3.

> 남자: 오늘 누구를 만나요?
> Man: Who are you meeting today?
> 여자: _____ .

① 금요일에 봐요.
② 식당에서 봐요.
③ 한 시에 만나요.
④ **선생님을 만나요.**

① See you on Friday.
② See you at the restaurant.
③ Meet at one o'clock.
④ I'm meeting the teacher.

 해설

오늘 만나는 사람을 말하면 된다. 따라서 정답은 ④번이다.

You need to mention the person you will meet today. Therefore, the correct answer is ④.

 주제

계획 묻기 | asking about plans

 어휘

오늘 today | 누구 who | 만나다 meet

4.

> 여자: 회사에 어떻게 가요?
> Woman: How do you get to the company?
> 남자: _____ .

① 자주 가요.
② 내일 가요.
③ 동생이 가요.
④ **지하철로 가요.**

① I go often.
② I'm going tomorrow.
③ My younger sibling goes.
④ I go by subway.

 해설

회사에 어떻게 가는지(교통 수단-방법)에 대한 대답은 지하철이다. 따라서 정답은 ④번이다.

The answer should indicate the method of transportation to the company. In this case, it is the subway. Therefore, the correct answer is ④.

 주제

길 찾기 | asking for directions

 어휘

회사 company | 어떻게 how

[5-6] 듣고 이어지는 말 고르기
Listening and Choosing the Appropriate Response

5.

> 남자: 정말 **죄송합니다**.
> Man: I'm really sorry.
> 여자: _____.

① 괜찮습니다.
② 고맙습니다.
③ 반갑습니다.
④ 축하합니다.

① It's okay.
② Thank you.
③ Nice to meet you.
④ Congratulations.

 해설

남자는 여자에게 죄송하다고 말하고 있기 때문에 여자는 괜찮다고 대답하는 말을 찾으면 된다. 따라서 정답은 ①번이다.

The man is apologizing to the woman, so the woman should respond by saying it's okay. Therefore, the correct answer is ①.

 주제

사과하기 apologizing

 어휘

정말 really | 죄송하다 sorry

6.

> 여자: **다음에 또 만나요**.
> Woman: Let's meet again next time.
> 남자: _____.

① 네, 전데요.
② 네, 들어오세요.
③ 네, 오랜만이에요.
④ 네, 안녕히 가세요.

① Yes, it's me.
② Yes, come in.
③ Yes, it's been a while.
④ Yes, goodbye.

 해설

여자는 남자에게 다음에 또 만나자고 인사하고 있기 때문에 남자는 여자에게 안녕히 계시라고(작별 인사) 대답하면 된다. 따라서 정답은 ④번이다.

The woman is saying goodbye and suggesting meeting again to the man. The man should respond by saying goodbye to the woman. Therefore, the correct answer is ④.

 주제

인사하기 greeting

 어휘

다음에 next time | 또 again

[7-10] 담화 장소 고르기
Identifying the Location of the Conversation

7.

> 남자: **공부를 시작합시다**.
> Man: Let's start studying.
> 여자: 네, **선생님**.
> Woman: Yes, teacher.

① 학교
② 식당
③ 가게
④ 병원

① school
② restaurant
③ store
④ hospital

해설

남자가 여자에게 공부를 시작하자고 말하고, 여자는 '네, 선생님'이라고 대답하고 있기 때문에 이곳은 학교 이다. 따라서 정답은 ①번이다.

The man suggests starting studying to the woman, and she responds with "Yes, teacher." Based on their conversation, the place is a school. Therefore, the correct answer is ①.

 주제

선생님과 대화하기 | conversing with a teacher

 어휘

공부 study | 시작하다 start

8.

> 여자: 어디가 아프세요?
> Woman: Where does it hurt?
> 남자: 배가 너무 아파요.
> Man: My stomach hurts a lot.

① 병원   ② 은행
③ 시장   ④ 가게

① hospital   ② bank
③ market   ④ store

 해설

여자가 남자에게 아픈 곳을 물어보고 남자는 배가 아프다고 말하고 있기 때문에 이곳은 병원이다. 따라서 정답은 ①번이다.

The woman asks the man where he is hurting, and the man responds that his stomach hurts. Therefore, this place is a hospital. The correct answer is ①.

주제

병원에서 대화하기 | conversing at a hospital

178

 어휘

아프다 hurt | 배 stomach

9.

> 남자: 한국어 책을 사고 싶은데, 어디에 있어요?
> Man: I want to buy a Korean book, where can I find it?
> 여자: 한국어 책은 저쪽에 있습니다.
> Woman: The Korean books are over there.

① 서점   ② 호텔
③ 우체국   ④ 미용실

① bookstore   ② hotel
③ post office   ④ beauty salon

 해설

남자가 한국어 책을 찾고 싶어서 여자에게 질문하고 여자는 한국어책이 어디에 있는지 대답하고 있기 때문에 이곳은 서점이다. 따라서 정답은 ①번이다.

The man wants to buy a Korean book and asks the woman where he can find it. The woman responds by telling him where the Korean books are located. Therefore, this place is a bookstore. The correct answer is ①.

 주제

서점에서 책 사기
buying books at a bookstore

 어휘

한국어 책 Korean book | 저쪽 over there

10.

> 여자: 멋있는 그림이 많이 있네요.
> Woman: There are many wonderful paintings here.
> 남자: 네, 이 그림은 유명한 사람이 그렸어요.
> Man: Yes, this painting was done by a famous person.

① 운동장	② 문구점
❸ 미술관	④ 미용실

① stadium	② stationery store
③ art museum	④ beauty salon

 해설

여자가 남자에게 멋있는 그림이 많이 있다고 말하고 남자는 여자에게 '이 그림은 유명한 사람이 그렸다'고 그림에 대해 말하고 있기 때문에 이곳은 미술관이다. 따라서 정답은 ③번이다.

The woman comments on the many wonderful paintings and the man responds by saying that one of them was done by a famous person. Therefore, this place is an art museum. The correct answer is ③.

 주제

미술관에서 대화하기 conversing at an art museum

어휘

멋있다 wonderful | 그림 painting
유명하다 famous | 그리다 draw

[11-14] 화제 고르기
Determining the Topic

11.

> 남자: 이 공책이 비싸요?
> Man: Is this notebook expensive?
> 여자: 아니요, 안 비싸요. 오백 원이에요.
> Woman: No, it's not. It's 500 won.

① 집	❷ 값
③ 이름	④ 장소

① house	② price
③ name	④ place

 해설

두 사람은 공책이 비싼지 안 비싼지에 대해 이야기하고 있다. 따라서 정답은 ②번이다.

The two people are discussing whether the notebook is expensive or not. Therefore, the correct answer is ②.

 주제

물건 사기 buying items

 어휘

공책 note book | 비싸다 expensive
싸다 cheap

12.

> 여자: 실례지만 몇 살이에요?
> Woman: Excuse me, how old are you?
> 남자: 스물 한 살이에요.
> Man: I'm twenty-one.

① 나이	② 생일
③ 날짜	④ 시간

① age	② birthday
③ date	④ time

 해설

두 사람은 남자의 나이에 대해 이야기하고 있다. 따라서 정답은 ①번이다.

The two people are discussing the man's age. Therefore, the correct answer is ①.

 주제

나이 묻기 asking about age

 어휘

실례지만 excuse me | 몇 살 how old

13.

남자: 어디에서 왔어요?
Man: Where are you from?
여자: 저는 미국에서 왔어요.
Woman: I'm from the United States.

① 직업　　　　　　② 취미
❸ 나라　　　　　　④ 여행

① occupation　　　② hobby
③ country　　　　　④ travel

 해설

두 사람은 어느 나라에서 왔는지에 대해 이야기하고
있다 따라서 정답은 ③번이다.

The two people are discussing where they are from.
Therefore, the correct answer is ③.

 주제

출신 국가 묻기 asking about country of origin

 어휘

어디 where | 미국 United States

14.

여자: 저는 꽃이 피는 봄을 좋아해요. 민수 씨는
　　　요?
Woman: I like spring when flowers bloom. How
　　　　about you, Minsu?
남자: 저는 눈이 오는 겨울을 좋아해요.
Man: I like winter when it snows.

① 계획　　　　　　❷ 계절
③ 교통　　　　　　④ 위치

① plan　　　　　　② season
③ transportation　　④ location

 해설

두 사람은 좋아하는 계절에 대해 이야기하고 있다. 따
라서 정답은 ②번이다.

The two people are discussing their favorite seasons.
Therefore, the correct answer is ②.

 주제

좋아하는 계절 묻기 asking about favorite season

 어휘

꽃이 피다 bloom | 봄 spring | 눈이 오다 snow
겨울 winter

[15-16] 일치하는 그림 고르기
Choosing the Corresponding Image

15.

여자: 창문 좀 열어도 될까요?
Woman: May I open the window?
남자: 네, 저도 좀 덥네요.
Man: Yes, I'm also feeling a bit hot.

① 　　②

③ 　　④

 해설

여자는 남자에게 창문을 열어도 되는지 질문하고 남자

도 덥다고 말하고 있기 때문에 여자는 창문을 열려고 하는 상황이다. 따라서 정답은 ①번이다.

The woman is asking the man if she can open the window, and the man is also saying it's hot. Therefore, it's a situation where the woman is trying to open the window. Hence, the correct answer is option ①.

허락 구하기 asking for permission

창문 window | 열다 open | 덥다 hot

16.

남자: 여기에서 자전거를 타면 안 됩니다.
Man: You can't ride a bicycle here.
여자: 죄송합니다. 몰랐어요.
Woman: I'm sorry. I didn't know.

해설

남자는 여자에게 자전거를 타면 안 된다고 말하고 있고 여자는 '죄송하다, 몰랐다'고 사과하고 있는 상황이다. 따라서 정답은 ③번이다.

The man is telling the woman that she can't ride a bicycle here, and the woman is apologizing, saying she didn't know. Therefore, the situation is that the woman is apologizing for not knowing the rules. The correct answer is ③.

허락 구하기 asking for permission

여기 here | 자전거 bicycle | 모르다 do not know

[17~21] 일치하는 내용 고르기
Choosing the matching content

17.

여자: 무슨 일이 있어요? 어디 아파요?
Woman: What's wrong? Are you sick?
남자: 어제 머리가 아파서 밤에 잠을 못 잤어요.
Man: My head hurt yesterday, so I couldn't sleep at night.
여자: 그럼 오늘은 집에서 푹 쉬세요.
Woman: Then you should rest at home today.

① 여자는 머리가 많이 아픕니다. (→남자는)
② 남자는 중요한 일이 있습니다.
③ 남자는 어제 잠을 잘 못 잤습니다.
④ 여자는 지금 집에서 쉬고 있습니다.

① The woman has a severe headache. (→The man)
② The man has an important matter.
③ The man couldn't sleep well last night.
④ The woman is resting at home now.

남자가 어제 머리가 아파서 밤에 잠을 못 잤다고 해서 여자는 집에서 쉬라고 말하고 있다. 따라서 정답은 ③번이다.

The man says he couldn't sleep last night because of a headache, and the woman suggests that he should rest at home today. Therefore, the correct answer is ③.

주제

일상 대화 everyday conversation

 어휘

아프다 hurt | 머리 head | 잠을 자다 sleep
푹 쉬다 rest well

 주제

일상 대화 everyday conversation

 어휘

주말 weekend | 극장 theater | 표 ticket
그냥 just | 근처 nearby | 산책하다 walk

18.

남자: 주말에 친구하고 영화 잘 봤어요?
Man: Did you enjoy the movie with your friend over the weekend?
여자: 아니요. 극장에 갔는데 표가 없어서 못 봤어요.
Woman: No, I went to the theater but there were no tickets so we couldn't watch it.
남자: 그럼 그냥 집에 왔어요?
Man: So you just came home?
여자: 극장 근처 공원에서 산책했어요.
Woman: I took a walk in the park near the theater.

① 여자는 주말에 집에 있었습니다. (→공원에서 산책했습니다.)
② 남자는 친구하고 영화를 봤습니다.
③ 남자는 여자와 같이 산책을 했습니다.
④ 여자는 표가 없어서 영화를 못 봤습니다.

① The woman stayed at home over the weekend.
② The man watched a movie with his friend.
③ The man took a walk with the woman.
④ The woman couldn't watch the movie because there were no tickets.

 해설

남자는 여자에게 주말에 친구와 영화를 봤는지 물었고 여자는 표가 없어서 영화를 못 봤다고 말하고 있다. 따라서 정답은 ④번이다.

The man asks the woman if she watched a movie with her friend over the weekend and she says she couldn't because there were no tickets. Therefore, the correct answer is ④.

19.

여자: 여보세요. 한국 호텔이지요? 호텔 예약 좀 하려고 하는데요.
Woman: Hello, is this Korea Hotel? I would like to make a hotel reservation.
남자: 네, 언제로 해 드릴까요?
Man: Yes, when would you like to make it for?
여자: 다음 주 토요일에 큰 방으로 해 주세요. 가족 여행이라서요.
Woman: Please make it for next Saturday in a large room. It's for a family trip.
남자: 네, 4명이 이용할 수 있는 방으로 예약해 드렸습니다.
Man: Yes, I have reserved a room that can accommodate 4 people.

① 남자는 여행사에서 일하고 있습니다. (→호텔에서)
② 여자는 전화로 호텔을 예약했습니다.
③ 남자는 여자와 같이 여행을 갈 겁니다.
④ 여자는 작은 방을 예약하고 싶어 합니다. (→큰 방)

① The man works at a travel agency. (→at a hotel)
② The woman made a hotel reservation by phone.
③ The man will go on a trip with the woman.
④ The woman wants to reserve a small room. (→a large room)

 해설

여자는 다음 주 토요일에 호텔을 예약을 하려고 남자에게 전화하고 있다. 따라서 정답은 ②번이다.

The woman is calling the man to make a hotel reservation for next Saturday. Therefore, the correct answer is ②.

호텔 예약하기| making a hotel reservation

예약 reservation | 가족 여행 family trip
이용하다 use, utilize | 예약하다 reserve

20.

남자: 수미 씨, 내일 이사 준비 때문에 바쁘군요.
　　　제가 좀 도와 드릴게요.
Man: Sumi, you must be busy preparing for the
　　　move tomorrow. Let me help you.
여자: 도와줘서 고마워요.
Woman: Thank you for your help.
남자: 그런데 새 집으로 이사 가니까 기분이 어때요?
Man: By the way, how does it feel to move to a
　　　new house?
여자: 좋아요. 그리고 회사에서 가까워서 더 좋고요.
Woman: It's good. Plus, it's closer to the office,
　　　which makes it even better.

① 여자는 ~~오늘 이사를 했습니다.~~ (→내일 이사를 할 것
　　입니다.)
② 여자는 회사 일 때문에 바쁩니다.
③ **남자는 여자를 도와주고 있습니다.**
④ 남자는 요즘 기분이 좋지 않습니다.

① The woman moved today. (→She will move tomorrow.)
② The woman is busy with work.
③ The man is helping the woman.
④ The man is not feeling well these days.

남자와 여자가 이사 준비하는 것을 보고 도와준다고
말하고 있고 여자는 고맙다고 말하고 있다. 따라서 정
답은 ③번이다.

The man and woman are talking about preparing for a
move, and the man offers to help, to which the wom-
an expresses her gratitude. Therefore, the correct
answer is ③.

도와주기 offering help

이사 move | 준비 preparation | 바쁘다 busy
돕다 help | 새 집 new house | 기분 feeling
가깝다 close

21.

여자: 김 선생님, 이번 글쓰기 대회는 어디에서
　　　하면 좋을까요?
Woman: Mr. Kim, where do you think would be a
　　　good place to hold this writing contest?
남자: 요즘 날씨가 좋으니까 학교 운동장에서
　　　하면 좋겠습니다.
Man: Since the weather is nice these days, it
　　　would be good to have it at the school's
　　　sports field.
여자: 좋은 생각입니다. 학생들을 위해서 종이와
　　　연필을 준비해 주세요.
Woman: That's a good idea. Please prepare
　　　paper and pencils for the students.
남자: 알겠습니다, 선생님.
Man: Yes, teacher.

① 여자는 운동장에서 운동을 합니다.
② **남자는 종이와 연필을 준비할 겁니다.**
③ 두 사람은 학교에서 일하고 있습니다. (→알 수 없음.)
④ 두 사람은 말하기 대회를 하고 있습니다.

① The woman exercises at the sports field.
② The man will prepare paper and pencils.
③ The two people are working at a school. (→Un-
　　known.)
④ The two are having a speaking contest.

여자는 남자에게 글쓰기 대회에서 학생들을 위해서 종
이와 연필을 준비해 달라고 말하고 있고 남자는 알겠
다고 대답하고 있다. 따라서 정답은 ②번이다.

The woman is asking the man to prepare paper and pencils for the students for the writing contest, and the man responds affirmatively. Therefore, the correct answer is ②.

 주제

논의하기 discussing

 어휘

글쓰기 대회 writing contest
요즘 these days | 운동장 sports field
종이 paper | 연필 pencil | 준비하다 prepare

[22~24] 중심 생각 고르기
Choosing the Central Idea

22.

남자: 이 식당은 항상 사람이 많네요. 음식이 정말 맛있나 봐요.
Man: This restaurant is always crowded. The food must be really good.

여자: 음식도 맛있지만 혼자 주문해서 먹을 수 있는 음식도 많아서 인기예요.
Woman: The food is delicious, but it's also popular because there are many dishes that one can order and eat alone.

남자: 다른 식당들은 2인분부터 주문할 수 있는 음식도 많지요?
Man: There are many dishes in other restaurants that can be ordered from two servings, right?

여자: 네, 맞아요. 그래서 이런 식당이 더 많아지면 좋겠어요.
Woman: Yes, that's right. So I wish there were more restaurants like this.

① 식당은 음식의 맛이 가장 중요합니다.
② 음식을 너무 많이 주문하면 안 됩니다.

③ 오래 기다리지 않고 먹는 식당이 좋습니다.
④ **혼자 먹을 수 있는 식당이 많아지면 좋겠습니다.**

① The taste of the food is the most important in a restaurant.
② You shouldn't order too much food.
③ It's good to have a restaurant where you don't have to wait long to eat.
④ It would be nice if there were more restaurants where you can eat alone.

 해설

여자는 2인분부터 주문되는 음식들 말고 혼자 주문해서 먹을 수 있는 음식을 파는 식당이 많아지면 좋겠다고 말하고 있다. 따라서 정답은 ④번이다.

The woman is saying that she wishes there were more restaurants that serve dishes that one can order and eat alone, not just dishes that start from two servings. Therefore, the correct answer is ④.

 주제

일상 대화 everyday conversation

어휘

항상 always | 혼자 alone | 주문하다 order
인기이다 popular | 2인분 two servings

23.

남자: 저 다음 주부터 편의점에서 아르바이트 하기로 했어요.
Man: I've decided to start working part-time at a convenience store from next week.

여자: 그렇군요. 그런데, 공부와 아르바이르를 같이 하려면 힘들겠어요.
Woman: I see. But it must be hard to juggle studying and part-time work.

남자: 네, 매일 아르바이트를 해야 해서 좀 걱정이에요.
Man: Yes, I'm a bit worried because I have to work part-time every day.

> 여자: 건강도 중요하니까 아르바이트 시간을
> 줄여 보세요.
> Woman: Health is also important, so try to
> reduce your part-time hours.

① 학생에게는 공부가 제일 중요합니다.
② 건강하게 살려면 운동을 해야 합니다.
③ **아르바이트 시간을 줄이는 게 좋겠습니다.**
④ 아르바이트 경험을 많이 하는 게 좋습니다.

① Studying is the most important thing for students.
② You need to exercise to stay healthy.
③ It would be good to reduce part-time hours.
④ It's good to have a lot of part-time job experience.

 해설

여자는 남자가 공부와 아르바이트를 같이 하는 것에 대해서 걱정하고 있다. 그래서 건강도 중요하니까 아르바이트를 줄여 보라고 말하고 있다. 따라서 정답은 ③번이다.

The woman is concerned about the man juggling study and part-time work. So she suggests that he should reduce his part-time hours as health is also important. Therefore, the correct answer is ③.

 주제

충고하기 giving advice

 어휘

편의점 convenience store
아르바이트 part-time job
건강 health | 중요하다 important
줄이다 reduce

24.

> 여자: 계속 휴대 전화만 보고 있네요. 뭐 중요한
> 일이 있어요?
> Woman: You're constantly looking at your cell
> phone. Is there something important?
> 남자: 아니요. 그냥 보는 거예요.
> Man: No, I'm just looking.
> 여자: 휴대 전화를 오래 보면 눈이 나빠질 거예요.
> 필요할 때만 보는 게 어때요?
> Woman: If you look at your cell phone for a long
> time, your eyes will get bad. How about
> only using it when necessary?
> 남자: 알겠어요. 노력해 볼게요.
> Man: Okay, I'll try.

① 모든 일은 노력하는 것이 중요합니다.
② **필요할 때만 휴대 전화를 쓰는 게 좋습니다.**
③ 너무 열심히 공부하면 눈이 나빠질 수 있습니다. (→ 휴대 전화를 오래 보면)
④ 중요한 일이 있을 때는 휴대 전화를 가지고 가야 합니다.

① It's important to put effort into everything.
② It's good to use your cell phone only when necessary.
③ If you study too hard, your eyesight can deteriorate. (→If you look at your mobile phone for a long time.)
④ You should take your cell phone with you when you have something important.

 해설

여자는 남자가 휴대 전화를 이유 없이 너무 많이 보는 것에 대해 걱정하면서 필요할 때만 휴대 전화를 쓰는 것이 좋겠다고 말하고 있다. 따라서 정답은 ②번이다.

The woman is concerned about the man looking at his cell phone too much without reason and suggests that it would be better to use the cell phone only when necessary. Therefore, the correct answer is ②.

 주제

충고하기 giving advice

휴대 전화 cell phone | 중요하다 important
그냥 just | 눈이 나빠지다 to have poor eyesight
필요하다 necessary | 노력하다 try

[25~26] 화자의 의도 고르기 /
일치하는 내용 고르기
Identifying the Speaker's Intention /
Choosing the Matching Content

여자: 잠시 안내 말씀드립니다. 다음 달에 우리 회사 '음악 발표회'가 있습니다. **참가 신청은 다음 주 목요일까지이고, 이메일로 하시면 됩니다. 노래, 춤, 피아노, 기타와 같은 악기 연주까지 음악과 함께 하면 모두 신청할 수 있습니다. 참가만 해도 선물을 받으실 수 있으니 많은 관심 부탁드립니다.** 감사합니다.

Woman: Let me briefly inform you. Next month, our company will hold a 'Music Presentation'. The application for participation is until next Thursday, and you can do it by email. Anyone can apply if they are with music such as singing, dancing, piano, guitar and other instrument performances. You can receive a gift just by participating, so please show a lot of interest. Thank you.

25.

① 발표회 날짜를 바꾸고 싶어서
② 발표회 행사 장소가 바뀌어서
③ **발표회 참가 신청을 말해 주려고**
④ 발표회에서 주는 선물을 소개하려고

① Because she wants to change the presentation date
② Because the presentation venue has changed
③ To talk about applying for the presentation
④ To introduce the gifts given at the presentation

여자는 회사에서 하는 음악 발표회의 참가 신청에 대해 안내하고 있다. 따라서 정답은 ③번이다.

The woman is informing about the application for participation in the music presentation held by the company. Therefore, the correct answer is ③.

26.

① **참가 신청은 이메일로 하면 됩니다.**
② ~~1등을 하면~~ 선물을 받을 수 있습니다. (→참가만 해도)
③ 발표회에서 피아노를 연주할 수 ~~없습니다~~. (→있습니다.)
④ 참가하려면 이번 주까지 신청해야 합니다.

① You can apply for participation via email.
② If you come in first place, you can receive a gift. (→Even just by participating)
③ You cannot play the piano at the presentation. (→You can)
④ If you want to participate, you need to apply by this week.

음악 발표회 참가를 신청하고 싶으면 이메일로 하면 된다. 따라서 정답은 ①번이다.

If you want to apply for participation in the music presentation, you can do it by email. Therefore, the correct answer is ①.

행사 참가 신청 안내 guidance on event participation application

잠시 briefly | 안내 말씀 announcement
발표회 presentation | 참가 participation
신청하다 apply | 악기 연주 instrument performance
관심 interest | 부탁드리다 ask for

[27~28] 화제 고르기 /
일치하는 내용 고르기
Determining the Topic /
Choosing the Matching Content

> 남자: 수미 씨, 뭐 하고 있어요? 청소해요?
> Man: Sumi, what are you doing? Are you cleaning?
> 여자: 안 입는 옷들을 정리하고 있어요.
> Woman: I'm organizing clothes that I don't wear.
> 남자: 그럼 이 옷들은 버리는 거예요? 괜찮은 옷들도 많이 있는 것 같은데요.
> Man: So, are you throwing these clothes away? It seems like there are a lot of good clothes.
> 여자: 1년 동안 안 입은 옷들은 나중에도 안 입게 되더라고요. 그래서 제가 입는 옷들만 두고 안 입지만 깨끗한 옷은 필요한 사람들에게 주려고요.
> Woman: I find that I don't wear clothes that I haven't worn for a year. So, I'm planning to give clean clothes that I don't wear to those who need them.
> 남자: 좋은 생각이네요. 옷 정리도 잘되겠어요.
> Man: That's a good idea. Your clothes will be well organized.
> 여자: 네, 옷 정리를 잘해 두면 옷도 오래 입을 수 있으니까요.
> Woman: Yes, if you organize your clothes well, you can wear them for a long time.

27.

① 옷장을 놓는 장소
② 옷장이 필요한 이유
③ 옷을 주고 싶은 사람
④ 옷 정리를 잘하는 방법

① The place to put the wardrobe
② The reason why a wardrobe is needed
③ The person who wants to give clothes
④ The method of organizing clothes well

 해설

두 사람은 안 입는 옷들을 잘 정리하는 방법에 대해 이야기하고 있다. 따라서 정답은 ④번이다.

The two are talking about how to organize unworn clothes well. Therefore, the correct answer is ④.

28.

① 남자는 여자에게 선물로 옷을 받았습니다.
② 남자는 깨끗하게 청소하는 것을 좋아합니다.
③ 여자는 오랫동안 집 정리를 하지 않았습니다.
④ 여자는 안 입는 옷을 다른 사람에게 줄 겁니다.

① The man received clothes as a gift from the woman.
② The man likes to clean thoroughly.
③ The woman hasn't cleaned the house for a long time.
④ The woman will give unworn clothes to others.

 해설

여자는 1년 동안 안 입은 옷들은 나중에도 결국 안 입게 되기 때문에 필요한 사람들에게 줄 거라고 말했다. 따라서 정답은 ④번이다.

The woman said she would give her unworn clothes to those in need because she ends up not wearing clothes that she hasn't worn for a year. Therefore, the correct answer is ④.

 주제

일상 대화 everyday conversation

 어휘

청소하다 clean | 정리하다 organize
버리다 throw away | 두다 keep
깨끗하다 clean | 필요하다 need
오래 (for) a long time

[29~30] 화자의 의도 고르기 / 일치하는 내용 고르기
Identifying the Speaker's Intention / Choosing the Matching Content

> 남자: 이번 주부터 열리는 동물 사랑 사진전은 어떤 전시회인가요?
>
> Man: What kind of exhibition is the 'Animal Love Photo Exhibition' that starts this week?
>
> 여자: 우리 주변에서 자주 볼 수 있는 동물들의 다양한 모습을 보여주는 전시회입니다.
>
> Woman: It's an exhibition that shows various aspects of animals that we can often see around us.
>
> 남자: 사람이 아닌 동물의 사진을 찍으시는 이유가 있나요?
>
> Man: Is there a reason why you take pictures of animals, not people?
>
> 여자: 저는 어렸을 때부터 동물을 좋아해서 친구들보다 동물들과 노는 시간이 많았습니다. 그때 즐거웠던 시간들을 기억하고 싶어서 사진을 찍기 시작했지요.
>
> Woman: I've loved animals since I was young, so I spent more time playing with animals than with friends. I started taking pictures because I wanted to remember those fun times.
>
> 남자: 그렇군요. 앞으로의 계획이 있으실까요?
>
> Man: I see. Do you have any future plans?
>
> 여자: 다음에는 다른 사진 작가들과 같이 전시회를 해 보고 싶어요.
>
> Woman: Next time, I'd like to hold an exhibition with other photographers.

29.
① 같이 놀 수 있는 친구들이 없어서
② 사람들의 모습을 찍는 것이 어려워서
③ **동물과의 즐거운 시간을 기억하고 싶어서**
④ 동물에 대해서 더 많이 공부할 수 있어서

① Because she has no friends to play with
② Because it's hard to take pictures of people
③ Because she wants to remember the fun times with animals
④ Because she can learn more about animals

 해설

여자는 좋아하는 동물들과 놀 때 그 즐거웠던 시간을 기억하고 싶어서 사진을 찍기 시작했다고 말했다. 따라서 정답은 ③번이다.

The woman said she started taking pictures because she wanted to remember the fun times she had playing with animals she loved. Therefore, the correct answer is ③.

30.
① 여자는 다음 주부터 전시회를 할 겁니다.
② **여자는 어렸을 때부터 동물을 좋아했습니다.**
③ 여자는 다른 사람들과 같이 전시회를 열었습니다.
④ 여자는 자주 볼 수 없는 동물의 사진을 찍었습니다.

① The woman will hold an exhibition from next week.
② The woman has loved animals since she was young.
③ The woman held an exhibition with others.
④ The woman took pictures of rare animals.

 해설

여자는 어렸을 때부터 친구들과 노는 것보다 동물들과 노는 것을 좋아했다고 말했다. 따라서 정답은 ②번이다.

The woman said that since she was young, she liked playing with animals more than playing with friends. Therefore, the correct answer is ②.

 주제

인터뷰 interview

 어휘

열리다 open | 사진전 photo exhibition

전시회 exhibition | 주변 surroundings
다양하다 various | 어리다 young
기억하다 remember | 앞으로 future
계획 plan | 사진 작가 photographer

• 읽기 (31~70번) 정답

31	④	32	②	33	②	34	①	35	③
36	③	37	④	38	③	39	③	40	①
41	②	42	③	43	③	44	②	45	①
46	①	47	②	48	③	49	①	50	④
51	①	52	③	53	①	54	①	55	④
56	④	57	③	58	①	59	③	60	①
61	②	62	④	63	②	64	③	65	③
66	③	67	①	68	①	69	④	70	③

[31~33] 화제 고르기
Selecting the Topic

31.

 해설

오이와 당근은 채소이다. 채소에 대해 이야기하고 있다. 따라서 정답은 ①번이다.

Cucumbers and carrots are being mentioned and they are both vegetables. The subject of the statement is about vegetables, therefore the correct answer is ①.

 어휘

오이 cucumber | 당근 carrot

32.

 해설

도서관은 책을 읽으면서 공부를 하는 곳이다. 도서관에서 하는 일에 대해 말하고 있다. 따라서 정답은 ①번이다.

The statement refers to a library, a place where one reads and studies. The subject of the statement is activities done in a library, hence the correct answer is ①.

도서관 library | 책 book

33.

비가 오고 바람이 부는 것은 날씨에 대한 이야기이다. 따라서 정답은 ③번이다.

The statement talks about the rain and wind, which are elements of weather. Thus, the topic of the statement is weather, therefore the correct answer is ③.

비가 오다 rain | 바람이 불다 wind

[34~39] 빈칸에 알맞은 말 고르기
Choosing the Appropriate Word for the Blank

34.

선생님이 하는 일을 고르면 된다. 따라서 정답은 ④번이다.

You need to select an action that a teacher performs. Hence, the correct answer is ④.

선생님 teacher | 외국어 foreign language

35.

은행에서 할 수 있는 일을 고르면 된다. 따라서 정답은 ①번이다.

You need to select an action that can be done at a bank. Hence, the correct answer is ①.

은행 bank | 찾다 search

36.

요리를 했을 때 할 수 있는 일을 고르면 된다. 따라서 정답은 ④번이다.

You need to select an action that can be done when cooking. Hence, the correct answer is ④.

요리 cooking | 가족 family

37.

꽃에 대해 이야기하고 있다. 향기가 어떤지 고르면 된다. 따라서 정답은 ①번이다.

The statement is discussing about flowers. You need to choose the description that best fits the scent of a flower. Hence, the correct answer is ①.

꽃 flower | 향기 scent

38.

음식이 뜨거울 때 어떻게 먹어야 하는지 고르면 된다. 따라서 정답은 ④번이다.

You need to select the appropriate way to consume food when it's hot. Therefore, the correct answer is ④.

음식 food | 뜨겁다 hot

39.

 해설

공원에서 하는 일에 대해 이야기하고 있다. '함께' 산책하는 강아지를 나타내므로 '와'를 고르면 된다. 따라서 정답은 ②번이다.

The statement is discussing about activities in a park. Considering the dog that is walking 'together', you need to choose '와(and)'. Thus, the correct answer is ②.

 어휘

공원 park | 강아지 dog | 산책 walk

[40~42] 일치하지 않는 내용 고르기
Choosing the Non-matching Content

40.

① 일주일 동안 할인 행사를 합니다.
② 신발보다 가구를 더 많이 깎아 줍니다.
③ 물건을 십만 원 이상 사면 선물을 줍니다.
❹ **산 물건을 바꿀 때 영수증이 없어도 됩니다.** (→있어야 합니다.)

① The sale event lasts for a week.
② Furniture is discounted more than shoes.
③ If you purchase goods worth more than 100,000 won, you will receive a gift.
④ You don't need a receipt to exchange purchased items. (→You do need a receipt.)

 해설

백화점 할인 행사는 일주일 동안 한다. 가구는 30%, 신발은 25% 할인을 한다. 10만 원 이상 구입 시 배낭 가방을 선물로 준다. 교환할 때는 영수증을 꼭 가지고 가야 한다. 따라서 정답은 ④번이다.

The department store discount event lasts for a week. Furniture is discounted by 30%, and shoes by 25%. A backpack is given as a gift for purchases over 100,000 won. When exchanging, you must bring your receipt. Therefore, the correct answer is ④.

 어휘

학기 semester | 행사 event | 기간 period
할인 품목 discounted items | 학생용 student use
가구 furniture | 신발 shoes | 사은품 gift
배낭 가방 backpack | 이상 over, above
구입 purchase | 교환 exchange | 가능 possible
영수증 receipt | 꼭 must

41.

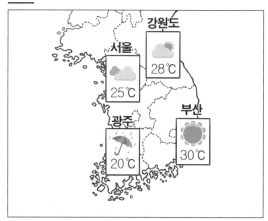

① 광주는 비가 내립니다.
❷ **강원도가 가장 덥습니다.** (→부산이)
③ 부산은 날씨가 맑습니다.
④ 서울은 날씨가 흐립니다.

① It's raining in Gwangju.
② Gangwon-do is the hottest. (→Busan is the hottest)
③ The weather in Busan is clear.
④ The weather in Seoul is cloudy.

 해설

날씨 예보를 나타내는 그림이다. 부산이 30℃로 가장 덥다. 따라서 정답은 ②번이다.

This is a weather forecast diagram. Busan is the hottest at 30°C. Therefore, the answer is ②.

 어휘

서울 Seoul | 강원도 Gangwon-do
광주 Gwangju | 부산 Busan

42.

① 지영 씨는 병원에 있습니다.
② 타오 씨는 병원에 올 겁니다. (→알 수 없음)
③ 지영 씨는 점심시간에 전화할 겁니다.
④ 타오 씨는 지영 씨에게 전화했습니다.

① Jiyoung is in the hospital.
② Tao will come to the hospital. (→Unknown)
③ Jiyoung will call during lunchtime.
④ Tao called Jiyoung.

 해설

지영은 타오 씨의 전화를 못 받은 이유를 설명하고 있다. 병원에 있어서 점심시간에 전화를 하겠다고 한다. 타오 씨가 병원에 올 것이라는 내용은 없다. 따라서 정답은 ②번이다.

Jiyoung is explaining why she couldn't answer Tao's call. She says she will call during lunchtime because she is in the hospital. There is no information about Tao coming to the hospital. Therefore, the answer is ②.

 어휘

병원 hospital | 점심시간 lunchtime | 전화하다 call

[43~45] 일치하는 내용 고르기
Choosing the Matching Content

43.

> 오늘 저녁에 친구가 옵니다. 그래서 꽃도 사고 방도 청소했습니다. 수업이 끝나면 집에 일찍 가서 음식을 만들 겁니다.
>
> A friend is coming over tonight. So, I bought flowers and cleaned the room. After class ends, I will go home early and cook.

① 친구가 꽃을 샀습니다. (→내가)
② 음식을 미리 준비했습니다. (→ 수업이 끝나면 집에 가서 만들 겁니다.)
③ 친구와 저녁을 먹을 겁니다.
④ 수업 후에 청소를 할 겁니다. (→이미 청소를 했음.)

① The friend bought flowers. (→ I did.)
② The food was prepared in advance. (→ I will cook when I get home after class.)
③ I will have dinner with a friend.
④ I will clean after class. (→ I've already cleaned.)

 해설

집들이를 하기 전 준비에 대한 내용이다. 수업 후 집에 가서 음식을 만드는 것은 친구와 먹기 위해서이다. 따라서 정답은 ③번이다.

This is about preparing for a housewarming. Going home to prepare food after class is for eating with a friend. Therefore, the answer is ③.

 어휘

끝나다 end | 일찍 early

44.

> 저는 어제 누나와 태권도장에 처음 갔습니다. 거기에는 태권도를 하는 사람들이 많았습니다. 태권도를 배우는 것이 너무 재미있습니다.
>
> Yesterday, I went to the taekwondo studio for the first time with my sister. There were many people practicing taekwondo there. Learning taekwondo is really fun.

① 저는 태권도장에 ~~자주 갑니다.~~ (→어제 처음 갔습니다.)

② 저는 태권도장에 ~~혼자~~ 갔습니다. (→누나와)

③ 저는 어제 태권도를 배웠습니다.

④ 저는 태권도장에서 ~~누나를 만났습니다.~~ (→누나와 같이 태권도장에 갔습니다.)

① I often go to the taekwondo studio. (→ I went for the first time yesterday.)

② I went to the taekwondo studio alone. (→ I went with my sister.)

③ I learned taekwondo yesterday.

④ I met my sister at the taekwondo studio. (→ I went to the taekwondo studio with my sister.)

 해설

이 사람은 어제 누나와 처음 태권도장에 가서 태권도를 배웠다. 따라서 정답은 ③번이다.

The speaker went to the taekwondo studio for the first time with his older sister yesterday and learned taekwondo. Therefore, the answer is ③.

 어휘

태권도장 Taekwondo studio

45.

> 우리 할머니는 일주일에 한 번 컴퓨터를 배우십니다. 그래서 인터넷으로 맛있는 음식도 주문합니다. 요즘은 저에게 이메일도 보내십니다.
>
> My grandmother learns computer once a week. So, she orders delicious food on the internet. These days, she even sends me emails.

① 할머니는 ~~전화로~~ 음식을 주문합니다. (→인터넷으로)

② 할머니는 컴퓨터를 배우고 계십니다.

③ 할머니는 이메일을 ~~쓸 수 없으십니다.~~ (→있으십니다.)

④ 할머니는 일주일에 한 번 ~~저를 만나십니다.~~ (→컴퓨터를 배우십니다.)

① The grandmother orders food by phone. (→via the internet.)

② The grandmother is learning how to use a computer.

③ The grandmother cannot write emails. (→She can.)

④ The grandmother meets me once a week. (→She learns computer.)

 해설

할머니는 컴퓨터를 일주일에 한 번 배우러 다닌다. 인터넷으로 음식도 주문하고 이메일도 보내신다. 따라서 정답은 ②번이다.

Grandma goes to learn computer once a week. She orders food on the internet and sends emails. Therefore, the correct answer is ②.

어휘

주문하다 order | 이메일 email | 보내다 send

[46~48] 중심 내용 고르기
Choosing the Central Content

46.

> 저는 아이들에게 케이크를 만들어 줍니다. 다른 사람에게도 자주 케이크 만들어서 선물합니다. 케이크 만들기는 어렵지만 재미있습니다.
>
> I make cakes for children. I also often make cakes as gifts for others. Making cakes is difficult, but fun.

① 저는 케이크 만들기가 어렵습니다.
❷ 저는 케이크 만들기를 좋아합니다.
③ 저는 다른 사람과 케이크를 만듭니다.
④ 저는 아이들에게 케이크를 선물합니다.

① I find making cakes difficult.
② I enjoy making cakes.
③ I make cakes with others.
④ I gift cakes to children.

 해설

이 사람은 케이크를 만들어 아이들에게 주고 선물도 한다. 케이크 만들기를 좋아한다. 따라서 정답은 ②번이다.

The speaker makes and gives cakes to children and also gifts them to others. They enjoys making cakes. Therefore, the correct answer is ②.

 어휘

케이크 cake | 선물하다 gift | 어렵다 difficult

47.

> 저는 요즘 학교에서 가까운 집을 찾고 있습니다. 집에서 학교까지는 버스로 두 시간이 걸립니다. 매일 6시에 일어나는 것이 힘듭니다.
>
> These days, I am looking for a house close to school. It takes two hours by bus from home to school. Waking up at 6 every day is tough.

① 저는 학교에 가고 싶습니다.
❷ 저는 학교 근처에 살고 싶습니다.
③ 저는 학교에 버스로 가고 싶습니다.
④ 저는 아침 일찍 일어나고 싶습니다.

① I want to go to school.
② I want to live near school.
③ I want to go to school by bus.
④ I want to wake up early in the morning.

 해설

학교가 멀어서 학교 근처에 있는 집을 찾고 있다. 이 사람은 학교 근처에 살고 싶어 한다. 따라서 정답은 ②번이다.

Because the school is far away, the speaker is looking for a house near the school. The speaker wants to live near the school. Therefore, the correct answer is ②.

 어휘

가깝다 close | 찾다 find | 버스 bus
(시간이) 걸리다 take (time)
일어나다 wake up | 힘들다 tough

48.

> 누나가 외국에 여행을 갔습니다. 누나가 없어서 집이 너무 조용합니다. 빨리 오면 좋겠습니다.
>
> My sister has gone on a trip abroad. The house is too quiet without her. I wish she would come back soon.

❶ 누나가 보고 싶습니다.
② 누나는 여행을 좋아합니다.
③ 누나 집은 너무 조용합니다.
④ 누나와 외국에 가고 싶습니다.

① I miss my sister.
② My sister loves to travel.
③ My sister's house is too quiet.
④ I want to go abroad with my sister.

해설

누나가 여행을 가서 없으니까 빨리 오면 좋겠다고 한다. 누나가 보고 싶다는 말이다. 따라서 정답은 ①번이다.

The speaker expresses that he misses his sister who has gone on a trip and wishes she would return soon. Therefore, the correct answer is ①.

어휘

외국 foreign country | 빨리 quickly

[49~50] 빈칸에 알맞은 말 고르기 / 일치하는 내용 고르기
Choosing the appropriate word for the blank / Choosing the content that matches

> 저는 얼마 전에 동아리 모임에 가서 선배를 소개 받았습니다. 선배는 저와 많이 (㉠). 저는 말이 별로 없고 조용합니다. 그런데 그 선배는 말을 재미있게 하고 후배들을 많이 도와줍니다. 그래서 선배와 같이 있으면 시간이 빨리 갑니다. 저는 이런 선배를 만나서 정말 행복합니다.
>
> I was introduced to a senior at a club meeting not long ago. The senior and I are very (㉠). I don't talk much and I'm quiet. But that senior speaks interestingly and helps juniors a lot. So, time flies when I'm with the senior. I'm really happy to meet such a senior.

49.

① **다릅니다**　　② 일합니다
③ 친합니다　　④ 걷습니다

① different　　② work
③ close　　④ walk

해설

동아리에서 만난 선배에 대한 내용이다. 선배는 말을 재미있게 하지만 이 사람은 그렇지 않다. 성격이 다르다. 따라서 정답은 ①번이다.

This is about the senior the speaker met at the club. The senior speaks interestingly, but this person does not. They have different personalities. Therefore, the correct answer is ①.

50.

① 저는 후배들을 많이 도와줍니다.
② **저는 선배와 있는 시간이 좋습니다.**
③ 저는 오늘 선배를 처음 만났습니다.
④ 저는 사람들에게 말을 많이 합니다.

① I help my juniors a lot.
② I enjoy the time with my senior.
③ I met my senior for the first time today.
④ I talk a lot to people.

 해설

이 사람은 동아리 선배를 만나서 행복하다고 한다. 따라서 정답은 ②번이다.

This person says they are happy to meet the club senior. Therefore, the correct answer is ②.

 어휘

동아리 club | 모임 meeting | 선배 senior
별로 not much | 시간이 가다 time flies
정말 really | 행복하다 happy

[51~52] 빈칸에 알맞은 말 고르기 / 화제 고르기
Choosing the Appropriate Word for the Blank / Selecting the Topic

치약은 보통 이를 닦을 때 사용합니다. 하지만 운동화를 (㉠) 손에 음식 냄새가 남았을 때도 치약을 사용합니다. 색깔이 변한 흰색 운동화를 빨 때 치약으로 닦으면 다시 하얀 운동화가 됩니다. 또 생선이나 마늘 등 요리를 한 후에 치약으로 손을 닦으면 냄새가 없어집니다.

Toothpaste is typically used for brushing teeth. However, it can also be used when washing sneakers or when food smells linger on your hands. When you wash white sneakers that have changed color with toothpaste, they become white again. Also, after cooking fish or garlic, if you wash your hands with toothpaste, the smell disappears.

51.

① 사거나
② 신거나
❸ 빨거나
④ 주거나

① buy or (However, toothpaste can also be used when buying sneakers or when food smells linger on your hands.)
② wear or (However, toothpaste can also be used when wearing sneakers or when food smells linger on your hands.
③ wash or (However, toothpaste can also be used when washing sneakers or when food smells linger on your hands.)
④ give or (However, toothpaste can also be used when giving sneakers as a gift or when food smells linger on your hands.)

 해설

치약으로 할 수 있는 일을 설명하고 있다. 선행하는 명사와 잘 어울리는 동사를 찾으면 된다. 운동화를 깨끗하게 만드는 방법은 닦거나 빨거나 세탁할 때이다. 따라서 정답은 ③번이다.

The text explains what can be done with toothpaste. You need to find a verb that matches well with the preceding noun. The ways to clean sneakers are by scrubbing, washing, or laundering them. Therefore, the correct answer is ③.

52.

① 이를 하얗게 닦는 방법
② 생선을 깨끗하게 씻는 방법
③ 음식 냄새를 없애는 쉬운 방법
❹ **생활에서 치약을 이용하는 방법**

① How to make teeth white
② How to clean fish thoroughly
③ An easy way to remove food smell
④ How to use toothpaste in daily life

 해설

생활에서 치약으로 할 수 있는 일에 대해 이야기하고 있다. 치약은 이를 닦을 때, 운동화를 빨 때, 손에 음식 냄새를 지울 때 사용한다. 따라서 정답은 ④번이다.

The text talks about what can be done with toothpaste in daily life. Toothpaste is used for brushing teeth, washing sneakers, and removing food smells from hands. Therefore, the correct answer is ④.

 어휘

치약 toothpaste | 이를 닦다 brush teeth
운동화를 빨다 wash sneakers | 냄새 smell
남다 remain | 색깔 color | 변하다 change
흰색 white | 하얗다 white | 생선 fish

[53~54] 빈칸에 알맞은 말 고르기 / 일치하는 내용 고르기
Choosing the Appropriate Word for the Blank / Choosing the Matching Content

> 저는 어렸을 때부터 그림을 그리는 것을 좋아했습니다. 며칠 전 미술관에서 유명한 화가의 작품을 (㉠) 정말 감동을 받았습니다. 그래서 저도 화가가 되고 싶었습니다. 요즘은 혼자서 매일 그림을 그리고 있습니다. 내년에는 미술 학원에 가서 더 배워 보고 싶습니다.
>
> Since I was young, I have always loved drawing. A few days ago, I was deeply moved when I saw the works of a famous painter at an art gallery. That's why I wanted to become a painter too. These days, I draw every day by myself. Next year, I want to go to an art academy to learn more.

53.

① 보고

② 보러

③ 보려고

④ 보지만

① saw (A few days ago, I was deeply moved when I saw the works of a famous painter at an art gallery.)

② went to see (A few days ago, I was deeply moved when I went to see the works of a famous painter at an art gallery.)

③ intended to see (A few days ago, I was deeply moved as I intended to see the works of a famous painter at an art gallery.)

④ saw but

 해설

화가가 되고 싶어 하는 사람에 대한 이야기이다. 이 사람은 유명한 화가의 그림을 보고 화가의 꿈을 키우고 있다. 따라서 정답은 ①번이다.

This is a story about someone who wants to become a painter. The speaker is nurturing their dream of becoming a painter after seeing the paintings of a famous artist. Therefore, the correct answer is ①.

54.

① 저는 혼자서 그림 연습을 합니다.

② 저는 미술관에서 화가를 만났습니다.

③ 저는 미술 학원에서 그림을 배웁니다.

④ 저는 화가와 같이 그림을 그렸습니다.

① I practice drawing by myself.

② I met a painter at an art museum.

③ I learn drawing at an art academy.

④ I drew with a painter.

 해설

이 사람은 화가가 되고 싶어서 매일 혼자서 그림을 그리고 있다. 따라서 정답은 ①번이다.

The speaker wants to become an artist, so they draw alone every day. Therefore, the correct answer is option ①.

 어휘

어리다 young | 미술관 art museum
유명하다 famous | 화가 painter
작품 work of art | 감동 moved | 혼자 alone
미술 학원 art academy

[55~56] 빈칸에 알맞은 말 고르기 / 일치하는 내용 고르기
Choosing the Appropriate Word for the Blank / Choosing the Matching Content

> 　김치는 종류가 많습니다. 보통 우리가 먹는 김치는 맵지만 백김치는 맵지 않습니다. 고추 양념을 넣지 않고 소금물을 넣어서 만들기 때문입니다. (㉠) 매운 것을 못 먹는 아이들이나 외국인도 먹을 수 있습니다. 또 무, 미나리, 배, 마늘, 새우와 여러 가지 채소가 들어 있기 때문에 맛도 좋고 건강에도 좋습니다.
>
> There are many types of kimchi. The kimchi we usually eat is spicy, but baekkimchi is not. This is because it's made by adding brine instead of chili seasoning. Therefore, even children who can't eat spicy food and foreigners can enjoy it. Moreover, since it contains various vegetables such as radish, water parsley, pear, garlic, shrimp, it not only tastes good but is also beneficial for health.

55.

① 그래서　　　② 하지만
③ 그리고　　　　④ 그런데

① therefore　　　②however
③ and　　　　　④but

 해설

김치의 종류 중 백김치에 대해 이야기하고 있다. 백김치는 맵지 않다. 그래서 아이들도 먹을 수 있다. 따라서 정답은 ①번이다.

The text talks about baekkimchi among the types of kimchi. Baekkimchi is not spicy. Therefore, even children can eat it. So, the correct answer is ①.

56.

① 김치는 모두 맛이 똑같습니다.
② 백김치는 외국인이 먹기 쉽습니다.
③ 백김치는 맵지만 건강에 좋습니다.
④ 백김치에는 고추 양념을 넣습니다.

① All kimchi tastes the same.
② Baekkimchi is easy for foreigners to eat.
③ Baekkimchi is spicy but good for health.
④ Chili pepper seasoning is added to baekkimchi.

 해설

백김치는 맵지 않아서 아이들과 외국인도 먹을 수 있다. 따라서 정답은 ②번이다.

Baekkimchi is not spicy so both children and foreigners can eat it. Therefore, the correct answer is ②.

 어휘

종류 type | 보통 usually
백김치 baekkimchi(white kimchi)
고추 양념 chili pepper seasoning
소금물 salt water | 무 radish
미나리 water parsley | 배 pear | 마늘 garlic
새우 shrimp | 채소 vegetable | 건강 health

[57~58] 알맞은 순서로 배열한 것 고르기
Selecting the Correctly Arranged Order

57.

> (가) 친구 집 근처 공원에 호수가 있습니다.
> (나) 공원에 있는 길을 따라서 걸으면 운동도 됩니다.
> (다) 우리 집 근처에도 이런 곳이 있으면 좋겠습니다.
> (라) 그래서 저녁에 산책하러 오는 사람들이 많습니다.

(A) There is a lake in the park near my friend's house.

(B) If you walk along the path in the park, it also serves as exercise.

(C) I wish there was a place like this near my house too.

(D) Therefore, many people come for a walk in the evening.

❶ (가)-(라)-(나)-(다)　　② (가)-(라)-(다)-(나)

③ (다)-(가)-(다)-(나)　　④ (다)-(라)-(나)-(가)

 해설

'그래서'와 같은 표지는 첫 문장에 어울리지 않는다. '이런 곳'도 앞에 지시하는 곳이 공원이므로 공원을 먼저 소개한 후에 나와야 한다. 첫 문장으로 나올 수 있는 것은 (가)이다. 희망을 나타내는 말은 마지막에 오는 것이 좋다. 따라서 정답은 ①번이다.

Markers like '그래서(therefore)' do not fit well in the first sentence. '이런 곳(This place)' also needs to be introduced after the park, which is indicated in front. The one that can be the first sentence is (A). Expressions of hope are best placed at the end. Therefore, the correct answer is ①.

 어휘

공원 park | 호수 lake

58.

(가) 학생증은 내일 받을 수 있습니다.

(나) 저는 오늘 학생증을 만들려고 합니다.

(다) 그래서 수업이 없지만 학교에 갔습니다.

(라) 신청서와 제 사진 한 장을 제출했습니다.

(A) I can receive my student ID card tomorrow.

(B) I'm going to make my student ID today.

(C) So, even though I didn't have classes, I went to school.

(D) I submitted an application form and one photo of myself.

① (나)-(가)-(다)-(라)　　**❷ (나)-(다)-(라)-(가)**

③ (라)-(가)-(나)-(다)　　④ (라)-(다)-(가)-(나)

 해설

학생증을 만드는 과정에 대한 이야기이다. 첫 문장은 학생증을 만들러 학교에 갔고 신청서와 사진을 제출한 후 학생증을 내일 받을 거라는 내용으로 구성할 수 있다. '그래서'와 같은 표지는 첫 문장에 어울리지 않으므로 학생증을 만들려고 한다는 내용이 먼저 나와야 한다. 따라서 정답은 ②번이다.

This is a story about the process of making a student ID. The first sentence can be composed of the content that the speaker went to school to make a student ID, submitted an application form and a photo, and will receive the student ID tomorrow. Markers like '그래서(so)' do not fit well in the first sentence, so the content that the speaker is going to make a student ID should come first. Therefore, the correct answer is ②.

 어휘

학생증 student ID | 내일 tomorrow

신청서 application form | 사진 photo | 제출하다 submit

[59~60] 문장이 들어갈 위치 고르기 / 일치하는 내용 고르기
Choosing the Position for the Sentence / Choosing the Matching Content

저는 오늘 마트에서 과일을 한 상자 샀습니다. (㉠) 그 상자에는 과일을 기른 사람의 이름과 전화번호가 있었습니다. (㉡) 그리고 가격은 조금 비쌌지만 신선하고 맛있었습니다. (㉢) 그래서 오늘 산 과일을 다 먹으면 그 사람이 기른 과일을 사려고 합니다. (㉣).

Today, I bought a box of fruit at the mart. (㉠) The box had the name and phone number of the person

who grew the fruit. (㉡) And although it was a bit expensive, it was fresh and delicious. (㉢) So, when I finish eating the fruit I bought today, I plan to buy fruit grown by that person. (㉣).

59.

상자에 이름이 있으니까 믿고 먹을 수 있습니다.
I can trust and eat it because there is a name on the box.

① ㉠   ❷ ㉡   ③ ㉢   ④ ㉣

 해설

마트에서 산 과일 상자에 과일을 기른 사람의 이름과 전화번호가 있다. 그 과일을 누가 길렀는지 알게 되면 그 제품을 믿을 수 있다. 따라서 정답은 ②번이다.

The box of fruit bought at the mart has the name and phone number of the person who grew the fruit. If you know who grew that fruit, you can trust that product. Therefore, the correct answer is ②.

✔ 어휘

학생증 student ID | 내일 tomorrow

60.

① 저는 과일을 또 사 먹을 겁니다.
② 저는 과일을 기르려고 샀습니다.
③ 저는 조금 더 싼 과일을 살 겁니다.
④ 저는 오늘 산 과일을 다 먹었습니다.

① I will buy more fruit to eat.
② I bought fruit to grow.
③ I will buy cheaper fruit.
④ I ate all the fruit I bought today.

 해설

그 제품을 믿을 수 있어서 다 먹은 후에 그 과일을 사겠다고 한다. 따라서 정답은 ①번이다.

They say they will buy that fruit after eating it because they can trust it. Therefore, the correct answer is ①.

 어휘

과일 fruit | 상자 box | 기르다 grow | 이름 name
전화번호 phone number | 가격 price
신선하다 fresh

[61~62] 빈칸에 알맞은 말 고르기 / 일치하는 내용 고르기
Choosing the Appropriate Word for the Blank / Choosing the Matching Content

> 저는 어제 친구하고 특별한 가방 가게에 갔습니다. 그 가게는 플라스틱 물병을 재활용해서 가방을 만듭니다. 거기에 플라스틱 물병을 가지고 가면 할인도 해 줍니다. 그리고 가방에 이름도 써 넣을 수 있습니다. 어제 우리는 각자의 이름을 넣은 가방을 하나씩 샀습니다. 같은 가방을 메니까 친구가 더 소중하게 느껴졌습니다. 그 가방을 (㉠) 친구가 생각날 것 같습니다.
>
> Yesterday, I went to a special bag shop with my friend. This shop makes bags by recycling plastic bottles. If you bring plastic bottles there, they even give you a discount. Plus, you can have your name written on the bag. Yesterday, we each bought a bag with our names on it. Carrying the same bag made me feel more precious about my friend. I think I'll be reminded of my friend every time I carry that bag.

61.

① 메려면

② 멘 후에

③ 멜 때마다

④ 메어 봐서

① to carry (I think I'll be reminded of my friend to carry that bag.)

② after carrying (I think I'll be reminded of my friend after carrying that bag.)

③ every time I carry (I think I'll be reminded of my friend every time I carry that bag.)

④ since I have carried (I think I'll be reminded of my friend since I've tried carrying that bag.)

 해설

플라스틱 물병을 재활용해 만든 가방을 파는 곳에 대한 이야기이다. 친구와 자신의 이름을 써넣은 가방을 하나씩 샀다. 그 가방을 멜 때 친구가 생각날 것 같다고 이야기한다. 따라서 정답은 ③번이다.

This is a story about a place that sells bags made by recycling plastic bottles. They bought a bag each with their friend's and their own name on it. They say they will think of their friend whenever they carry that bag. Therefore, the correct answer is ③.

62.

① 저는 어제 가방을 구경한 후에 샀습니다.

② 저는 친구와 가방을 사러 가게에 갔습니다. (→친구와)

③ 가게에서는 우리가 원하는 제품을 재활용합니다. (→플라스틱 물병을)

④ 우리는 다른 가방을 멨지만 더 가깝게 느꼈습니다. (→같은 가방을 메서)

① I bought a bag yesterday after looking around.

② I went to the store to buy my friend's bag. (→I went to the store with my friend.)

③ In the store, we recycle the products we want. (→plastic bottles.)

④ We felt closer even though we carried different bags. (→We felt closer to each other because we were carrying the same bags.)

 해설

이 사람과 친구는 가방을 보러 가서 샀다. 따라서 정답은 ①번이다.

This person and their friend went to look at bags and bought them. Therefore, the correct answer is ①

 어휘

특별하다 special | 가방 bag | 가게 store
플라스틱 plastic | 물병 bottle | 재활용하다 recycle
할인 discount | 각자 each | 넣다 put in

메다 carry | 소중하다 precious | 느끼다 feel
생각나다 remember

[63~64] 필자의 의도/목적 고르기 / 일치하는 내용 고르기
Selecting Author's Intention/Purpose / Choosing the Matching Content

It's been a while. Are you enjoying your vacation?

You're coming to Korea next Friday, right? That day is a holiday, so I'll go to the airport by car. Please let me know when you will arrive.

This time, having you with your parents, you must be feeling really good. Since it's your parents' first time in Korea, I'll guide them. See you at the airport.

Kim Jiyoung

63.
① 약속 장소를 바꾸려고
② 도착 장소를 물어보려고
③ 약속 시간을 알려 주려고
④ 도착 시간을 알고 싶어서

① To change the meeting place
② To ask about the arrival place
③ To inform about the meeting time
④ Because Ms. Kim wants to know the arrival time

 해설

친구에게 공항에 마중 나가겠다는 메일 내용이다. 친구가 공항에 도착하는 시간을 알고 싶어서 메일을 썼다. 따라서 정답은 ④번이다.

The content of the email is about going to meet a friend at the airport. The email was written because the speaker wanted to know the time their friend would arrive at the airport. Therefore, the correct answer is ④.

64.
① 김지영 씨는 금요일에 일을 합니다.
② 타오 씨가 부모님을 안내할 겁니다. (→김지영 씨가)
③ 김지영 씨는 차를 가지고 공항에 갈 겁니다.
④ 타오 씨 부모님은 한국에 온 적이 있습니다.

① Ms. Kim Jiyoung works on Fridays.
② Tao will guide his parents. (→Kim Jiyoung)
③ Kim Jiyoung will go to the airport by car.
④ Tao's parents have been to Korea before.

 해설

김지영 씨는 그날 휴일이라서 자동차를 가지고 공항에 갈 예정이다. 따라서 정답은 ③번이다.

Ms. Kim Jiyoung plans to go to the airport by car because that day is a holiday. Therefore, the correct answer is ③.

 어휘

방학 vacation | 그날 that day | 휴일 holiday
공항 airport | 안내하다 guide

[65~66] 빈칸에 알맞은 말 고르기 / 일치하는 내용 고르기
Choosing the Appropriate Word for the Blank / Choosing the Matching Content

> 요즘 저는 자기 전에 하루를 돌아보면서 메모를 합니다. 먼저, 오늘 한 일 중에서 잘한 일 세 가지를 씁니다. 그렇게 하면 힘든 일도 즐거운 일이 됩니다. 그다음에는 내일 할 일을 (㉠). 그러면 중요한 일을 잘 기억할 수 있어서 좋습니다. 이렇게 하루하루 메모를 하면 생각만 할 때보다 훨씬 잘 정리할 수 있습니다.
>
> These days, I make a note before going to bed, reflecting on my day. First, I write down three things that I did well today. By doing so, even the tough tasks become enjoyable. Next, I try writing down what I need to do tomorrow. This helps me remember important tasks, which is beneficial. By making daily notes like this, I can organize my thoughts much better than just thinking about them.

65.
① 적어 봅니다.
② 적게 됩니다.
③ 적나 봅니다.
④ 적을까 합니다.

① I try writing. (Next, I try writing down what I need to do tomorrow.)
② I end up writing. (Next, I end up writing down what I have to do tomorrow.)
③ I guess I write. (Next, I guess I write down what I have to do tomorrow.)
④ I consider writing. (Next, I consider writing down what I have to do tomorrow.)

 해설

메모하는 습관에 대한 이야기이다. 오늘 한 일을 써 보는 것이다. 따라서 정답은 ①번이다.

This is a story about the habit of taking notes. The speaker tries writing down what they did today. Therefore, the correct answer is ①.

66.
① 메모를 하면서 하루를 정리합니다.
② 하루 동안 잘 못한 일을 메모합니다. (→잘한 일)
③ 자기 전에 잊어버린 일들을 적습니다.
④ 아침에 일어나자마자 오늘 할 일을 씁니다. (→자기 전에 내일 할 일을)

① I organize my day by taking notes.
② I take notes on what I did wrong throughout the day. (→the things what I did well)
③ Before going to bed, I write down the things that I forgot.
④ As soon as I wake up in the morning, I write down what I'm going to do today.

 해설

자기 전에 하루를 돌아보는 일은 하루를 정리하는 것과 같다. 따라서 정답은 ①번이다.

Reflecting on your day before going to bed is equivalent to organizing your day. Therefore, the correct answer is ①.

 어휘

하루 day | 돌아보다 think back | 메모 note
그다음 next | 중요하다 important
기억하다 remember | 정리하다 organize

[67~68] 빈칸에 알맞은 말 고르기 / 일치하는 내용 고르기
Choosing the right word for the blank / choosing the right word for the blank

앞을 보지 못하는 사람과 같이 다니는 안내견이 있습니다. 이 개들은 앞이 보이지 않는 사람들의 눈이 되어 안전하게 길을 안내합니다. 그래서 사람들은 안내견이 신호등을 보고 길을 건너거나 멈춘다고 생각합니다. (㉠) 개는 신호등의 색을 구별할 수 없습니다. 색이 달라지면 신호등의 소리도 달라져서 그걸 듣고 길을 건너는 것입니다.

There are guide dogs that accompany people who cannot see. These dogs become the eyes of people who cannot see and guide them safely on the road. Therefore, people think that guide dogs cross or stop the road by looking at traffic lights. However, dogs cannot distinguish the color of traffic lights. When the color changes, the sound of the traffic light also changes, so they cross the road by listening to it.

67.

① 그러면   ② 그리고
❸ 그러나   ④ 그러니까

① Then   ② And
③ However   ④ Therefore

 해설

안내견에 대한 이야기이다. 앞이 보이지 않는 사람을 도와주는 개이지만 신호등의 색을 구별할 수 없다. 보통 사람들이 생각하는 것과 다르다. 따라서 정답은 ③번이다.

This is a story about guide dogs. They are dogs that help people who cannot see, but they cannot distinguish the color of traffic lights. It's different from what most people think. Therefore, the correct answer is ③.

68.

① 안내견은 신호등 색깔을 볼 수 있습니다. (→볼 수 없습니다.)
❷ 안내견은 앞을 보지 못하는 사람을 도와줍니다.
③ 안내견은 길을 건널 때 사람들을 기다려줍니다.
④ 안내견은 신호등을 보고 길을 안내하는 개입니다.

① Guide dogs can see the color of traffic lights. (→They cannot see it.)
② Guide dogs help people who cannot see.
③ Guide dogs wait for people when crossing the road.
④ Guide dogs are dogs that guide roads by looking at traffic lights.

 해설

안내견은 신호등의 색깔을 볼 수 없지만 보지 못하는 사람을 도와주는 동물이다. 따라서 정답은 ②번이다.

Although guide dogs can't see the color of traffic lights, they are animals that help people who can't see. Therefore, the correct answer is ②.

✓ 어휘

안내견 guide dog | 안전하다 safe | 길 road
신호등 traffic light | 건너다 cross
멈추다 stop | 구별하다 distinguish
달라지다 change | 소리 sound

[69~70] 빈칸에 알맞은 말 고르기 / 일치하는 내용 고르기
Choosing the right word in the blank. / Choosing the right content

> 작년 여름에 저는 형과 놀이동산에 갔습니다. 그런데 제가 구경하는 사이에 형이 보이지 않았습니다. 저는 형 이름을 크게 불렀지만 찾을 수 없었습니다. 길도 모르는 저는 슬프게 울고 있었는데 한 아저씨가 저에게 왔습니다. 아저씨는 제 이야기를 듣고 형을 (㉠) 도와주셨습니다. 그 기억 때문에 저는 길을 잃은 아이를 보면 도와주고 싶습니다.
>
> Last summer, I went to an amusement park with my older brother. However, while I was sightseeing, I couldn't see my brother anywhere. I called out his name loudly but couldn't find him. Not knowing the way, I was crying sadly when a man approached me. The man listened to my story and helped me to be able to find my brother. Because of that memory, I want to help whenever I see a lost child.

69.

① 볼 수 있게
② 부를 수 있게
❸ 찾을 수 있게
④ 기억할 수 있게

① to be able to see (The man listened to my story and helped me to be able to see my brother.)
② to be able to call (The man listened to my story and helped me to be able to call my brother.)
③ to be able to find (The man listened to my story and helped me to be able to find my brother.)
④ to be able to remember (The man listened to my story and helped me to be able to remember my brother.)

 해설

아저씨가 형을 잃어버린 나의 이야기를 듣고 할 수 있는 행동을 찾으면 된다. 따라서 정답은 ③번이다.

The man listened to my story about losing my brother and took action that could help me find him. Therefore, the correct answer is ③.

70.

① 저는 혼자서 놀이동산에 갔습니다. (→형과)
❷ 저는 놀이동산에서 길을 잃어버렸습니다.
③ 놀이동산에서 저는 아저씨와 놀았습니다.
④ 놀이동산에는 구경할 것이 많지 않습니다.

① I went to the amusement park alone.
② I got lost in the amusement park.
③ At the amusement park, I played with a man.
④ There's not much to see at the amusement park.

 해설

이 사람이 놀이동산에서 구경하는 사이에 형을 잃어버렸다. 형을 불렀지만 찾을 수 없었고 길도 모르고 있다. 길을 잃은 것이다. 따라서 정답은 ②번이다.

The speaker lost his brother while looking around at the amusement park. He called for his brother but couldn't find him and didn't know the way. He was lost. Therefore, the correct answer is ②.

 어휘

작년 last year | 놀이동산 amusement park
부르다 call | 길 street, way | 모르다 don't know
아저씨 man | 기억 memory | 잃다 lose

TOPIK I

MOCK TEST
FOR
BEGINNERS

———————

한국어능력시험
토픽 I 실전모의고사 3회

LEXICAL INDEX

어휘 색인

어휘 색인
LEXICAL INDEX

어휘	의미 (영어)	페이지
가게	shop	20, 39, 47, 79
가격	price	36, 63, 102
가구	furniture	41, 66, 92
가깝게	close	103
가깝다	close	60
가끔	sometimes	91
가능	possibility	92
가르치다	teach	23, 51, 68
가방	bag	26, 103
가방을 메다	carry a bag	103
가수 활동	singing career	54
가장	most	84, 92
가족	family	16, 25, 48, 51
가지고 가다	take with	37, 39, 40
각자	individually	103
감기	cold	64
감기에 걸리다	catch a cold	64
감동을 받다	to be touched, to be moved	99
감사하다	thank you	14, 46, 78
감자	potato	34
값	price	16, 80
강아지	puppy	64, 91
같이	together	19, 20, 37, 41
거리	distance	71
거울	mirror	34, 43
건강	health	36, 52, 55, 73
건강하다	healthy	36
걷다	walk	97, 101
(시간이) 걸리다	take (time)	27
(병이) 걸리다	contract[catch, get] (a disease)	36
겨울	winter	38, 42
결혼하다	marry	60
경복궁	Gyeongbokgung Palace	69
경험	experience	84
계속	continue	68

계절	season	25, 57, 80, 89
계획	plan	80
계획을 세우다	make a plan	52
고추	chili	100
고향	hometown	16, 48, 51, 69
공부	study	25, 32, 27, 84
공부하다	study	13, 32, 85
공연	performance	35, 61
공원	park	15, 28, 47
공항	airport	47, 79, 104
과	and	59
과일	fruit	25, 26, 36, 58
관광지	tourist attraction	63
관심	interest	73
광화문	Gwanghwamun Gate	63
괜찮다	okay	78
교실	classroom	15, 47, 79
교육원	an educational center	72
교통	transportation, traffic	16, 20, 80
구경	sightseeing	30, 33, 57, 63
구경하다	watch, see, look around	30
구별하다	distinguish	106
구입	purchase	92
국적	nationality	25, 57, 89
그동안	meanwhile, meantime	14, 46, 78
그래서	so	31, 33, 34, 66
그러나	but, however	66, 75, 106
그러니까	so; that is to say	106
그러면	then	106
그러면서	by doing that	68
그런데	but, by the way	33, 38, 39, 64
그렇다	so; as such; like that	35
그렇지만	but	35
그리고	and	25, 33, 37
그림을 그리다	draw a picture	23, 99
그림책	picture book	22, 23
극장	theater	47, 79
근처	nearby	33, 96, 101
글	writing	69
금요일	Friday	77, 104
기다리다	wait	29, 32, 43, 46
(채소를/과일을) 기르다	grow (vegetables/fruits)	73, 102

기분	mood, feel	22, 31, 48, 70
기숙사	dormitory	30
기억하다	remember	86
기온	air temperature	42
기타	guitar	35, 51
길을 건너다	cross the street	106
길을 잃다	get lost	107
길이 막히다	traffic jam	29
김치	kimchi	30, 66, 100
까지	until	27, 37, 38
깨끗하다	clean	31, 34, 39, 66
꽃	flower	15, 45, 79
꽃집	flower shop	15, 79
나가다	go out	64
나라	country	16, 25, 36
나무	tree	41
나뭇잎	leaf	33
나빠지다	get worse	85
나쁘다	bad	59
(텔레비전 프로그램에) 나오다	come out, be on the program	65
나이	age	25, 57, 80
날씨	weather	16, 19, 21, 25
날짜	date	80, 85
남녀노소	men and women of all ages	71
남다	remain	66
남자	man	19, 20, 22, 51
낫다	get better	64
내년	next year	99
내일	tomorrow	19, 32, 45
냄새	smell	41, 98
너무	very; too	21, 27, 37, 38
넘어지다	fall down	68
넣다	put in	66
노력하다	make an effort	85
놀다	play, have fun	64
놀이공원	amusement park	28
놀이동산	amusement park	107
놀이터	playground	64
농구장	basketball court	62
누나	older sister (only boys who say that)	94, 96
눈	eyes	58
느끼다	feel	103

늦다	late	29
다	all	
다르다	different	42, 52, 67, 97
다시	again	98
다음 주	next week	65, 87
다음 달	next month	62, 72
다음에	next time	41
닦다	wipe, clean	34, 66
(손을) 닦다	wash (one's hands)	98
단어	word	26
단체 여행	group tour	63
달다	sweet	59
달라지다	become different	106
달력	calendar	40
당근	carrot	89
대부분	most	69
대신	instead of	74
대학교	university	32
대회	contest	84
더	more	22, 42, 66
더럽다	dirty	34
덥다	hot	52, 92
도로	road	71
도서관	library	15, 32, 47, 89
도시	city	74
도자기	pottery, porcelain	72
도착하다	arrive	29, 104
돈	money	63, 73, 74, 90
(은행에서) 돈을 찾다	withdraw money (from the bank)	90
돈이 들다	cost money	73
돌아가다	go back	62
돌아보다	look back	105
동네	neighborhood	39
동물	animal	86, 87
동물원	zoo	28
동생	little brother	14, 43, 78
동아리	club	97
동영상	video	35
뒤	behind	68
드라마	drama	69
듣다	listen	28, 74
들어오다	come in	36, 78

등산	hike, mountain climbing	19, 33
따뜻하다	warm	42
떡	tteok (rice cake)	28
떡볶이	tteokbokki (stir-fried rice cake)	16, 27, 48, 80
또	also	67
뚜껑	lid	39
뛰어놀다	run around	38
뜨겁다	hot	91

마늘	garlic	98, 100
마시다	drink	52, 58
마음에 들다	like	64
마트	mart	53
(차가) 막히다	get stuck	29
만나다	meet	26, 29
만들다	make	28, 39, 41, 95
많다	many	13, 20, 27, 38
말이 없다	be silent, speechless	97
말하기	speaking	84
맑다	clear	92
맛	taste	16, 48, 80
맛있게	deliciously	90
맛있다	delicious	16, 27, 65, 89
맛집	famous restaurant	63, 65
매일	every day	35, 52, 96, 99
맵다	spicy	91, 100
먹다	eat	25, 26, 71, 90
먼저	in advance, first	105
멀다	far	30
멈추다	stop	106
메모(를) 하다	take note	105
며칠 전	a few days ago	99
명함	business card	26, 58, 90
모두	everyone; all	28, 52, 71, 100
모르다	do not know	19, 26, 52
모습	appearance	23, 43, 86
모양	shape	33, 67
모으다	gather, collect	39
모임	meeting	97
모자	hat	43, 58
몸에 안 좋다	bad for one's health	52
무	radish	100
무료	free	21, 53

무섭다	scary	68
무척	very, extremely	75
문구점	stationery store	79
문자를 보내다	send a text message	37
물건	item	92
물병	water bottle	39, 103
물어보다	ask	40, 104
뭐	what	16, 48
미나리	water parsley	100
미리	in advance	21, 54, 94
미술 학원	art academy	99
미술관	art museum	19, 28, 47
미안하다	sorry	14, 37
미용실	hair salon	47, 79
믿다	believe in	102
바람	wind	42, 89
바로	right away	32
박물관	museum	30, 53
밖	park	64
반갑다	glad	14, 78
받다	receive	26
발표회	recital, performance	85
방	room	94
방법	way	22, 34, 40
방학	vacation, holiday	16, 48, 51
배	pear	100
배낭 가방	backpack bag	92
배우다	learn	31
백김치	baekkimchi (white kimchi)	100
백화점	department store	15, 26, 62
버리다	throw away	21, 39, 66
버스	bus	96
버스를 타다	take the bus	29
벌레	insect	38
벌써	already	27
베트남	Vietnam	62
별로	specially, particularly	54, 74, 97
병	disease	36
병원	hospital	25, 54, 55, 74
보고 싶다	miss someone	53, 75
보내다	send	74, 95
보통	usually	36, 98, 100

선물하다	give a gift	22, 41
선배	senior (university, work)	97
선생님	teacher	23, 64, 77, 90
설명하다	explain	21, 53
설악산	Seoraksan Mountain	33
세탁기	washing machine, washer	30
세탁실	laundry room	60
소개	introduction	48
소개받다	be Introduced	97
소개하다	introduce	21, 41, 65, 85
소금물	salt water	100
소리	sound	20, 106
소중하다	precious	70, 103
손님	guest, customer	21, 43
쇼핑	shopping	89
수고하다	take the trouble, good job	14, 47, 78
수박	watermelon	25, 26, 77
수업	class	22, 28, 94, 101
수업 후	after class	94
수업이 끝나다	to finish one's class	94
숫자	number	36
쉬는 날	day off	53
쉬다	take rest	25
쉽다	easy	73, 98, 100
스타일	style	67
슬프게	sadly	107
슬프다	sad	75, 91
시간	time	22, 37, 48, 57
시간을 보내다	spend time	37
시골	countryside	74
시끄럽다	noisy	32
시원하다	cool	52
시작하다	start	36, 55, 75
시장	market	15, 47, 79
식당	restaurant	15, 30, 47, 65
신발	shoes	92
신선하다	fresh	66, 102
신청	application	40, 72
신청하다	apply	37, 52, 72
신호등	traffic light	106
실망하다	be disappointed	65
싸다	cheap; wrap	27, 59, 73

216

얼마 전	a while ago	97
얼마예요?	How much is it?	15, 79
없다	not have	13, 30, 31
에게	to	19, 22, 27
여권	passport	52
여기	here	30, 46
여기저기	being here and there	57
여러 가지	various	100
여러 번	several times	37
여름	summer	38
여행	travel	32, 33, 51
여행사	travel agency	15, 47, 83
여행을 가다	go on a trip	32, 33, 83
여행하다	travel	63
연극	play	61
연습하다	practice	35, 99
연주	performance	35, 85
연주하다	play (instrument)	35, 85
연필	pencil	45, 58, 77, 84
열심히	hard	85
영수증	receipt	92
영화	movie	21, 52, 83
옆집	house next door	75
예쁘다	beautiful	59, 91
예약하다	make a reservation	54, 83
오늘	today	32, 53, 62, 64
오래	for a long time	20, 70, 84
오래되다	old, ancient	70
오랜만이다	long time no see	78
오랫동안	for a long time	86
오빠	older brother (only girls who say that)	25
오이	cucumber	89
오전	morning, a.m.	60
오후	afternoon, p.m.	28, 60, 61
온도	temperature	42
올라가다	climb	33
올해	this year	23, 32, 40
옷	clothes	16, 20, 21, 48
옷장	closet, wardrobe	70
외국	foreign country	96
외국어	foreign language	90
외국인	foreigner	30, 100

ㅈ

(사진을) 찍다	take (a photo)	43, 52, 86
차	tea	52
차갑다	cold	52
차례	turn	53
차례를 지키다	follow the order	53
참가	participation	72, 85
참가 신청	application for participation	72, 85
참가비	participation fee	72
참여하다	participate	21
창문	window	34
찾다	find; visit	53, 71, 107
찾다	look for	27, 64, 90
채소	vegetable	53, 73, 89, 100
책	book	22, 23, 41, 52
책상	desk	41
처음	first, first time	22, 35, 38, 58
천천히	slowly	91
첫 장	first page	69
청소하다	clean	31, 34, 66, 86
체온	body temperature	42
초대하다	invite	60
추억	memory	70
추위	cold	42
축구	soccer, football	46
축제	festival	40
축하하다	congratulate	78
출발하다	depart	20
춥다	cold	38
취미	hobby	16, 48, 80, 89
취직하다	get a job	32
치과	dentistry	74
치약	toothpaste	98
친구	friend	13, 16, 19, 22
친구 집	friend's house	101
친구를 사귀다	make friends	52
친해지다	get close	73
카레	curry	66
커피숍	coffee shop	26, 33
컴퓨터	computer	60, 95
컴퓨터실	computer room	60
케이크	cake	22, 95
콘서트 표	concert ticket	19

ㅊ

ㅋ

221

제( )회 실전모의고사
TOPIK I
1교시(듣기, 읽기)

성명 (Name)
한국어 (Korean)
영어 (English)

수 험 번 호

8

문제지 유형(Type)

홀수형 (Odd number type) ○
짝수형 (Even number type) ○

※ 결 시 확인란
결시자의 영어 성명 및 수험번호 기재 후 표기

※ 위 사항을 지키지 않아 발생하는 불이익은 응시자에게 있습니다.

※ 감독관 확인
본인 및 수험번호 표기가 정확한지 확인

(인)

번호	답란			
1	①	②	③	④
2	①	②	③	④
3	①	②	③	④
4	①	②	③	④
5	①	②	③	④
6	①	②	③	④
7	①	②	③	④
8	①	②	③	④
9	①	②	③	④
10	①	②	③	④
11	①	②	③	④
12	①	②	③	④
13	①	②	③	④
14	①	②	③	④
15	①	②	③	④
16	①	②	③	④
17	①	②	③	④
18	①	②	③	④
19	①	②	③	④
20	①	②	③	④
21	①	②	③	④
22	①	②	③	④
23	①	②	③	④
24	①	②	③	④
25	①	②	③	④

번호	답란			
26	①	②	③	④
27	①	②	③	④
28	①	②	③	④
29	①	②	③	④
30	①	②	③	④
31	①	②	③	④
32	①	②	③	④
33	①	②	③	④
34	①	②	③	④
35	①	②	③	④
36	①	②	③	④
37	①	②	③	④
38	①	②	③	④
39	①	②	③	④
40	①	②	③	④
41	①	②	③	④
42	①	②	③	④
43	①	②	③	④
44	①	②	③	④
45	①	②	③	④
46	①	②	③	④
47	①	②	③	④
48	①	②	③	④
49	①	②	③	④
50	①	②	③	④

번호	답란			
51	①	②	③	④
52	①	②	③	④
53	①	②	③	④
54	①	②	③	④
55	①	②	③	④
56	①	②	③	④
57	①	②	③	④
58	①	②	③	④
59	①	②	③	④
60	①	②	③	④
61	①	②	③	④
62	①	②	③	④
63	①	②	③	④
64	①	②	③	④
65	①	②	③	④
66	①	②	③	④
67	①	②	③	④
68	①	②	③	④
69	①	②	③	④
70	①	②	③	④

제( )회 실전모의고사
TOPIK I
1교시(듣기, 읽기)

성 명
(Name)

한국어 (Korean)	
영어 (English)	

수 험 번 호

8

문제지 유형(Type)

홀수형 (Odd number type) ○

짝수형 (Even number type) ○

※ 결 시 확인란	결시자의 영어 성명 및 수험번호 기재 후 표기	○

※ 위 사항을 지키지 않아 발생하는 불이익은 응시자에게 있습니다.

※ 감독관 확 인	본인 및 수험번호 표기가 정확한지 확인	(인)

※ 본 답안지는 연습용 답안지입니다.

번호	답란
1	① ② ③ ④
2	① ② ③ ④
3	① ② ③ ④
4	① ② ③ ④
5	① ② ③ ④
6	① ② ③ ④
7	① ② ③ ④
8	① ② ③ ④
9	① ② ③ ④
10	① ② ③ ④
11	① ② ③ ④
12	① ② ③ ④
13	① ② ③ ④
14	① ② ③ ④
15	① ② ③ ④
16	① ② ③ ④
17	① ② ③ ④
18	① ② ③ ④
19	① ② ③ ④
20	① ② ③ ④
21	① ② ③ ④
22	① ② ③ ④
23	① ② ③ ④
24	① ② ③ ④
25	① ② ③ ④

번호	답란
26	① ② ③ ④
27	① ② ③ ④
28	① ② ③ ④
29	① ② ③ ④
30	① ② ③ ④
31	① ② ③ ④
32	① ② ③ ④
33	① ② ③ ④
34	① ② ③ ④
35	① ② ③ ④
36	① ② ③ ④
37	① ② ③ ④
38	① ② ③ ④
39	① ② ③ ④
40	① ② ③ ④
41	① ② ③ ④
42	① ② ③ ④
43	① ② ③ ④
44	① ② ③ ④
45	① ② ③ ④
46	① ② ③ ④
47	① ② ③ ④
48	① ② ③ ④
49	① ② ③ ④
50	① ② ③ ④

번호	답란
51	① ② ③ ④
52	① ② ③ ④
53	① ② ③ ④
54	① ② ③ ④
55	① ② ③ ④
56	① ② ③ ④
57	① ② ③ ④
58	① ② ③ ④
59	① ② ③ ④
60	① ② ③ ④
61	① ② ③ ④
62	① ② ③ ④
63	① ② ③ ④
64	① ② ③ ④
65	① ② ③ ④
66	① ② ③ ④
67	① ② ③ ④
68	① ② ③ ④
69	① ② ③ ④
70	① ② ③ ④

제( )회 실전모의고사
TOPIK I
1교시(듣기, 읽기)

성명 (Name)	한국어 (Korean)	
	영어 (English)	

수 험 번 호

8

0	0	0	0	0		0	0	0	0	0	0
①	①	①	①	①		①	①	①	①	①	①
②	②	②	②	②		②	②	②	②	②	②
③	③	③	③	③		③	③	③	③	③	③
④	④	④	④	④		④	④	④	④	④	④
⑤	⑤	⑤	⑤	⑤		⑤	⑤	⑤	⑤	⑤	⑤
⑥	⑥	⑥	⑥	⑥		⑥	⑥	⑥	⑥	⑥	⑥
⑦	⑦	⑦	⑦	⑦		⑦	⑦	⑦	⑦	⑦	⑦
⑧	⑧	⑧	⑧	⑧	●	⑧	⑧	⑧	⑧	⑧	⑧
⑨	⑨	⑨	⑨	⑨		⑨	⑨	⑨	⑨	⑨	⑨

문제지 유형(Type)

홀수형 (Odd number type)	○
짝수형 (Even number type)	○

※ 결 시 결시자의 영어 성명 및
확인란 수험번호 기재 후 표기

○

※ 위 사항을 지키지 않아 발생하는 불이익은 응시자에게 있습니다.

※ 감독관 본인 및 수험번호 표기가
확 인 정확한지 확인

(인)

번호	답란
1	① ② ③ ④
2	① ② ③ ④
3	① ② ③ ④
4	① ② ③ ④
5	① ② ③ ④
6	① ② ③ ④
7	① ② ③ ④
8	① ② ③ ④
9	① ② ③ ④
10	① ② ③ ④
11	① ② ③ ④
12	① ② ③ ④
13	① ② ③ ④
14	① ② ③ ④
15	① ② ③ ④
16	① ② ③ ④
17	① ② ③ ④
18	① ② ③ ④
19	① ② ③ ④
20	① ② ③ ④
21	① ② ③ ④
22	① ② ③ ④
23	① ② ③ ④
24	① ② ③ ④
25	① ② ③ ④

번호	답란
26	① ② ③ ④
27	① ② ③ ④
28	① ② ③ ④
29	① ② ③ ④
30	① ② ③ ④
31	① ② ③ ④
32	① ② ③ ④
33	① ② ③ ④
34	① ② ③ ④
35	① ② ③ ④
36	① ② ③ ④
37	① ② ③ ④
38	① ② ③ ④
39	① ② ③ ④
40	① ② ③ ④
41	① ② ③ ④
42	① ② ③ ④
43	① ② ③ ④
44	① ② ③ ④
45	① ② ③ ④
46	① ② ③ ④
47	① ② ③ ④
48	① ② ③ ④
49	① ② ③ ④
50	① ② ③ ④

번호	답란
51	① ② ③ ④
52	① ② ③ ④
53	① ② ③ ④
54	① ② ③ ④
55	① ② ③ ④
56	① ② ③ ④
57	① ② ③ ④
58	① ② ③ ④
59	① ② ③ ④
60	① ② ③ ④
61	① ② ③ ④
62	① ② ③ ④
63	① ② ③ ④
64	① ② ③ ④
65	① ② ③ ④
66	① ② ③ ④
67	① ② ③ ④
68	① ② ③ ④
69	① ② ③ ④
70	① ② ③ ④

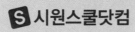

TOPIK I

MOCK TEST
FOR
BEGINNERS

A REQUIRED
WORD

TOPIK I

MOCK TEST
FOR
BEGINNERS

A REQUIRED
WORD

TOPIK I

MOCK TEST FOR BEGINNERS

A REQUIRED WORD

S 시원스쿨닷컴

S 시원스쿨닷컴

날짜 DATE

단어	영어 번역	뜻 쓰기	암기 체크
하루	one day		☐☐☐☐☐
이틀	two days		☐☐☐☐☐
사흘	three days		☐☐☐☐☐
나흘	four days		☐☐☐☐☐
지난번	last time		☐☐☐☐☐
매일	every day		☐☐☐☐☐
평일	weekday		☐☐☐☐☐
휴일	holiday		☐☐☐☐☐
주	week		☐☐☐☐☐
주말	weekend		☐☐☐☐☐
지난주	last week		☐☐☐☐☐
일주일 [일주일]	a week		☐☐☐☐☐
날	day		☐☐☐☐☐
날짜	date		☐☐☐☐☐
며칠	a few days		☐☐☐☐☐
매달	every day		☐☐☐☐☐
매일	every day		☐☐☐☐☐
매주	every week		☐☐☐☐☐
지난달	last month		☐☐☐☐☐
그저께	the day before yesterday		☐☐☐☐☐
어젯밤 [어제빰/어젣빰]	last night		☐☐☐☐☐
올해	this year		☐☐☐☐☐

시간 부사

단어	영어 번역	예문	암기 체크
일찍	early	오늘도 너무 졸려서 **일찍** 자야겠어요.	☐☐☐
아까	earlier	**아까** 점심을 먹어서 이걸 배가 불러요.	☐☐☐
미리	in advance	시험을 잘 보려면 **미리** 준비하는 것이 좋아요.	☐☐☐
곧	soon	미안해요. **곧** 도착할 거예요. 조금만 기다려 주세요.	☐☐☐
이따가	later	**이따가** 시간 있을 때 연락주세요.	☐☐☐

'-하'로 끝나는 부사

단어	영어 번역	예문	암기 체크
간단히	simply	저는 오늘 아침을 **간단히** 빵으로 먹었어요.	☐☐☐
조용히	quietly	도서관에서는 **조용히** 공부해야 해요.	☐☐☐
열심히	hard	저는 한국어를 항상 **열심히** 공부해요.	☐☐☐
특별히 [특뼐히]	especially	민수 씨를 위해서 **특별히** 준비한 선물이 있어요.	☐☐☐
특히 [트키]	especially	저는 커피를 좋아해요. 그런데 이 카페의 커피를 **특히** 좋아해요.	☐☐☐

단어	영어 번역	뜻 쓰기	암기 체크
그러니까	so	날씨가 흐려서 비가 올 것 같아요. **그러니까** 우산을 가져가세요.	
그러면	if so; then	내일 약속이 없다고요? **그러면** 같이 영화를 볼까요?	
그런데	by the way; but	저는 공부하는 것을 좋아해요. **그런데** 수학은 어려워요.	
그렇지만 [그러치만]	but	돈을 많이 벌고 싶어요. **그렇지만** 돈을 버는 것은 쉽지 않아요.	
하지만	but	저는 커피를 좋아해요. **하지만** 커피를 마시면 밤에 잠을 못 자요.	
그리고	and	오늘은 청소를 했어요. **그리고** 쇼핑도 했어요.	
왜냐하면	because	저는 초콜릿을 좋아해요. **왜냐하면** 맛있으니까요.	

안/못, '~지 않다'와 어울리는 부사

단어	영어 번역	예문	암기 체크
전혀	not at all	술을 많이 마셔서 **전혀** 기억이 나지 않아요.	
별로	not much	오늘은 하늘이 좀 흐리네요. 날씨가 **별로** 안 좋아요.	
아직	yet	오후 한 시인데 민수 씨는 **아직** 일어나지 않았어요.	

내년	next year		
작년 [장년]	last year		

요일과 월
DAYS AND MONTHS

단어	영어 번역	뜻 쓰기	암기 체크
월요일 [워료일]	Monday		
화요일	Tuesday		
수요일	Wednesday		
목요일 [모교일]	Thursday		
금요일 [그묘일]	Friday		
토요일	Saturday		
일요일 [이료일]	Sunday		
일월 [이뤌]	January		
이월	February		
삼월 [사뭘]	March		
사월	April		
오월	May		
유월	June		
칠월 [치뤌]	July		
팔월 [파뤌]	August		
구월	September		
시월	October		

십일월 [시버뤌] | November | ☐☐☐☐☐
십이월 [시비월] | December | ☐☐☐☐☐

가족과 친척
FAMILY AND RELATIVE

단어	영어 번역	뜻 쓰기	암기 체크
아버지	father		☐☐☐☐☐
아빠	dad		☐☐☐☐☐
어머니	mother		☐☐☐☐☐
엄마	mom		☐☐☐☐☐
부모	parents		☐☐☐☐☐
부부	husband and wife		☐☐☐☐☐
남편	husband		☐☐☐☐☐
부인	wife		☐☐☐☐☐
아내	wife		☐☐☐☐☐
누나	older sister		☐☐☐☐☐
언니	older sister		☐☐☐☐☐
형	older brother		☐☐☐☐☐
오빠	older brother		☐☐☐☐☐
동생	younger brother or sister		☐☐☐☐☐
남동생	younger brother		☐☐☐☐☐
여동생	younger sister		☐☐☐☐☐
아들	son		☐☐☐☐☐

가끔	sometimes	가끔 친구와 여행을 가요.	☐☐☐☐☐

의미가 같은 부사

단어	영어 번역	예문	암기 체크
같이 [가치]	together	점심시간에 같이 밥 먹으러 갈래요?	☐☐☐☐☐
= 함께	together	저녁에 함께 산책하면 좋을 것 같아요.	☐☐☐☐☐
우선	first	우선 집에 가서 쉬어야겠어요.	☐☐☐☐☐
= 먼저	first	먼저 공부하고 그 다음에 놀아도 돼요.	☐☐☐☐☐

의미가 반대인 부사

단어	영어 번역	예문	암기 체크
빨리	quickly	빨리 오세요, 영화가 곧 시작해요.	☐☐☐☐☐
천천히	slowly	이해가 안 되면 천천히 읽어보세요.	☐☐☐☐☐

접속 부사

단어	영어 번역	예문	암기 체크
그래서	so, therefore	저는 어제 너무 피곤했어요. 그래서 일찍 잠이 들었어요.	☐☐☐☐☐
그러나	however	나는 피아노를 좋아한다. 그러나 피아노를 잘 치지는 못한다.	☐☐☐☐☐

부사

한 음절로 된 부사

단어	영어 번역	예문	암기 체크
곧	soon	저는 **곧** 퇴근할 거예요.	☐☐☐☐☐
꼭	must	약속은 **꼭** 지켜야 해요.	☐☐☐☐☐
다	all	저는 그림을 **다** 그렸어요.	☐☐☐☐☐
더	more	**더** 많은 사람들이 도움이 필요해요.	☐☐☐☐☐
또	again	나중에 **또** 만났으면 좋겠어요.	☐☐☐☐☐
못 [몯]	can't	저는 수영을 **못** 해요.	☐☐☐☐☐
안	not	저는 배부르니까 **안** 먹을래요.	☐☐☐☐☐
왜	why	**왜** 이렇게 늦었어요?	☐☐☐☐☐
잘	well	저는 **잘** 모르겠어요. 다시 설명해 주실 수 있나요?	☐☐☐☐☐
좀	a little	**좀** 더 빨리 걸어야 할 것 같아요.	☐☐☐☐☐
참	really	수미 씨는 **참** 예쁜 사람이에요.	☐☐☐☐☐
푹	deeply	**푹** 자고 나니 기분이 좋아졌어요.	☐☐☐☐☐

빈도 부사

단어	영어 번역	예문	암기 체크
항상	always	저는 **항상** 아침에 샤워를 해요.	☐☐☐☐☐
언제나	always	**언제나** 맛있는 음식을 만들어 주셔서 감사해요.	☐☐☐☐☐
자주	often	저는 **자주** 영화를 봐요.	☐☐☐☐☐

딸	daughter	☐☐☐☐☐
아기	baby	☐☐☐☐☐
할아버지	grandfather	☐☐☐☐☐
할머니	grandmother	☐☐☐☐☐
친척	relative	☐☐☐☐☐
큰아버지 [크나버지]	uncle(the oldest of one's father's elder brothers)	☐☐☐☐☐
큰어머니 [크너머니]	aunt(the wife of one's father's eldest brother)	☐☐☐☐☐
작은아버지 [자그나버지]	uncle(one's father's younger brother)	☐☐☐☐☐
작은어머니 [자그너머니]	aunt(the wife of one's father's younger brother)	☐☐☐☐☐
고모부	uncle(the husband of one's father's sister)	☐☐☐☐☐
고모	aunt(the sister of one's father)	☐☐☐☐☐
삼촌	uncle(a brother of one's father or mother)	☐☐☐☐☐
사촌	cousin	☐☐☐☐☐
조카	nephew	☐☐☐☐☐
아기씨	one's husband's younger sister	☐☐☐☐☐
외할아버지 [외하라버지]	maternal grandfather	☐☐☐☐☐
외할머니	maternal grandmother	☐☐☐☐☐
이모부	uncle(the husband of one's mother's sister)	☐☐☐☐☐
이모	aunt(one's mother's sister.)	☐☐☐☐☐

외삼촌　one's maternal uncle(a brother of one's mother)　□□□□□

외숙모 [외숭모]　aunt(the wife of one's mother's brother)　□□□□□

직업
OCCUPATION

단어	영어 뜻	뜻 쓰기	암기 체크
가수	singer		□□□□□
간호사	nurse		□□□□□
경찰	police		□□□□□
경찰관	police officer		□□□□□
고등학생 [고등학쌩]	high school student		□□□□□
공무원	civil servant		□□□□□
군인 [구닌]	soldier		□□□□□
기사	driver		□□□□□
기자	reporter		□□□□□
배우	actor		□□□□□
변호사	lawyer		□□□□□
사업가 [사업까]	businessman		□□□□□
선생님	teacher		□□□□□
선수	player		□□□□□
소설가	novelist		□□□□□
약사 [약싸]	pharmacist		□□□□□

어둡다 [어둡따]　dark　이 방은 너무 **어두워서** 무서워요.　□□□□□
↕
밝다 [박따]　bright　이 방은 창문이 커서 **밝아요.**　□□□□□

맛있다 [마딛따/마싣따]　delicious　이 케이크는 정말 **맛있어요.**　□□□□□
↕
맛없다 [마덥따]　tasteless　음식이 **맛없어서** 많이 남겼어요.　□□□□□

연예인 [여녜인]	entertainer	☐☐☐☐☐
영화배우	film actor	☐☐☐☐☐
은행원	bank clerk	☐☐☐☐☐
음악가 [으막까]	musician	☐☐☐☐☐
의사	doctor	☐☐☐☐☐
주부	homemaker	☐☐☐☐☐
탤런트	TV actor	☐☐☐☐☐
화가	painter	☐☐☐☐☐
회사원	office worker	☐☐☐☐☐

편하다	comfortable	집에 오면 편한 옷으로 갈아입어요.	☐☐☐☐☐
힘들다	hard	제가 힘들 때 친구가 많이 도와줬어요.	☐☐☐☐☐
즐겁다 [즐겁따]	joyful	지난 주말에 친구들과 놀러 가서 정말 즐거웠어요.	☐☐☐☐☐
피곤하다	tired	너무 피곤해서 집에 가면 바로 잘 것 같아요.	☐☐☐☐☐
재미있다 [재미읻따]	fun	어제 본 영화는 정말 재미있었어요.	☐☐☐☐☐
재미없다 [재미업따]	boring	이 드라마는 재미없어서 중간에 그만 봤어요.	☐☐☐☐☐
길다	long	민수 씨는 다리가 길어서 바지가 아주 잘 어울려요.	☐☐☐☐☐
짧다 [짤따]	short	방학 기간이 너무 짧아요.	☐☐☐☐☐
싸다	cheap	그 식당은 맛도 좋고 가격도 싸서 자주 가요.	☐☐☐☐☐
비싸다	expensive	새로 나온 휴대전화는 너무 비싸서 사고 싶어도 살 수 없어요.	☐☐☐☐☐
쉽다 [쉽따]	easy	이번 토픽 시험은 생각보다 쉬웠어요.	☐☐☐☐☐
어렵다 [어렵따]	difficult	한국어 어휘를 배우는 것은 정말 어려워요.	☐☐☐☐☐
크다	big	제 남동생은 키가 큰 편이에요.	☐☐☐☐☐
작다 [작따]	small	작은 실수도 큰 문제가 될 수 있어요.	☐☐☐☐☐
빠르다	fast	버스보다 지하철로 가는 게 더 빨라요.	☐☐☐☐☐
느리다	slow	컴퓨터가 너무 느려서 일을 제대로 못 했어요.	☐☐☐☐☐
안전하다	safe	안전한 여행을 하기 위해 준비를 잘해야 해요.	☐☐☐☐☐
위험하다	dangerous	밤에 혼자 위험한 길을 가지 마세요.	☐☐☐☐☐

색깔 COLORS

단어	영어 번역	뜻 쓰기	암기 체크
검은색 [거믄색]	black		☐☐☐☐☐
까만색	black		☐☐☐☐☐
하얀색	white		☐☐☐☐☐
흰색 [힌색]	white		☐☐☐☐☐
회색	gray		☐☐☐☐☐
빨간색	red		☐☐☐☐☐
주황색	orange		☐☐☐☐☐
노란색	yellow		☐☐☐☐☐
초록색	green		☐☐☐☐☐
파란색	blue		☐☐☐☐☐
하늘색 [하늘색]	skyblue		☐☐☐☐☐
갈색 [갈색]	brown		☐☐☐☐☐
녹색 [녹색]	green		☐☐☐☐☐

단어	영어 번역	예문	암기 체크
높다 [놉따]	high	산이 아주 높아서 등산하기 힘들어요.	☐☐☐☐☐
↕ 낮다 [낟따]	low	의자가 낮아서 아이들도 앉을 수 있어요.	☐☐☐☐☐
두껍다 [두껍따]	thick	코트가 두꺼워서 겨울에 입으면 따뜻해요.	☐☐☐☐☐
↕ 얇다 [얄따]	thin	이 옷은 얇아서 여름에 입기 좋아요.	☐☐☐☐☐
덥다 [덥따]	hot	오늘은 날씨가 너무 더워서 외출하기 싫어요.	☐☐☐☐☐
↕ 춥다 [춥따]	cold	추우면 옷을 두껍게 입으세요.	☐☐☐☐☐
따뜻하다 [따뜨타다]	warm	봄이 되니까 날씨가 따뜻해져서 좋아요.	☐☐☐☐☐
↕ 시원하다	cool	오늘은 날씨가 시원해서 산책하기 좋아요.	☐☐☐☐☐
뜨겁다 [뜨겁따]	hot	물이 뜨거우니까 조심하세요.	☐☐☐☐☐
↕ 차갑다 [차갑따]	cold	이 커피는 차가워서 마시면 시원해요.	☐☐☐☐☐
많다 [만타]	many	요즘 일이 많아서 아주 바빠요.	☐☐☐☐☐
↕ 적다 [적따]	less	월급이 적어서 아르바이트도 해야 해요.	☐☐☐☐☐
맑다 [막따]	clear	오늘 날씨가 맑아서 산책하기 좋아요.	☐☐☐☐☐
↕ 흐리다	cloudy	날씨가 흐려서 소풍을 취소했어요.	☐☐☐☐☐
좋다 [조타]	good	좋은 일이 생겨서 기분이 좋아요.	☐☐☐☐☐
↕ 나쁘다	bad	나쁜 기억은 잊기 위해서 노력하고 있어요.	☐☐☐☐☐
조용하다	quiet	도서관은 조용해서 공부하기 좋아요.	☐☐☐☐☐
↕ 시끄럽다 [시끄럽따]	noisy	시끄러운 곳보다 조용한 곳을 더 좋아해요.	☐☐☐☐☐

단어	영어 번역	뜻 쓰기	암기 체크
머리	head		▢▢▢▢
머리	hair		▢▢▢▢
얼굴	face		▢▢▢▢
귀	ear		▢▢▢▢
눈	eye		▢▢▢▢
코	nose		▢▢▢▢
입	mouth		▢▢▢▢
이	teeth		▢▢▢▢
목	neck		▢▢▢▢
어깨	shoulder		▢▢▢▢
등	back		▢▢▢▢
배	abdomen		▢▢▢▢
허리	waist		▢▢▢▢
다리	leg		▢▢▢▢
가슴	chest		▢▢▢▢
무릎 [무릅]	knee		▢▢▢▢
발	feet		▢▢▢▢
발가락 [발까락]	toe		▢▢▢▢
손	hand		▢▢▢▢
손가락 [손까락]	finger		▢▢▢▢

단어	영어 번역	예문	암기 체크
가깝다 [가깝따] ↔	close	우리 집은 가까워서 걸어서 갈 수 있어요.	▢▢▢▢
멀다	far	제 고향은 여기서 멀어서 자주 못 가요.	▢▢▢▢
가볍다 [가볍따] ↔	light	이 가방은 가벼워서 아주 편해요.	▢▢▢▢
무겁다 [무겁따]	heavy	이 상자는 무거워서 혼자 들 수 없어요.	▢▢▢▢
간단하다	simple	오늘 저녁은 간단하게 라면으로 해결했어요.	▢▢▢▢
복잡하다 [복짜파다]	complicated	도시는 사람들이 많아서 복잡해요.	▢▢▢▢
같다 [갇따] ↔	same	우리는 같은 학교에 다녀요.	▢▢▢▢
다르다	different	개와 고양이는 성격이 많이 달라요.	▢▢▢▢
건강하다	healthy	운동을 많이 해서 몸이 건강해요.	▢▢▢▢
아프다	hurt, sick	머리가 아파서 약을 먹었어요.	▢▢▢▢
까맣다 [까마타] ↔	black	밤하늘이 까맣고 별이 반짝반짝 빛나요.	▢▢▢▢
하얗다 [하야타]	white	눈이 와서 길이 하얗게 변했어요.	▢▢▢▢
깨끗하다 [깨끄타다]	clean	방을 청소하니까 깨끗해졌어요.	▢▢▢▢
더럽다 [더럽따]	dirty	방이 너무 더러워서 청소해야 해요.	▢▢▢▢
넓다 [널따] ↔	wide	제 방은 넓어서 여러 명이 잘 수 있어요.	▢▢▢▢
좁다 [좁따]	narrow	이 길은 너무 좁아서 두 명이 같이 걸어갈 수 없어요.	▢▢▢▢

교통 수단
TRANSPORTATION

단어	영어 번역	뜻 쓰기	암기 체크
고속버스 [고속빼스]	express bus		☐☐☐☐☐
기차	train		☐☐☐☐☐
배	ship		☐☐☐☐☐
버스	bus		☐☐☐☐☐
비행기	airplane		☐☐☐☐☐
열차	train		☐☐☐☐☐
자동차	car		☐☐☐☐☐
자전거	bicycle		☐☐☐☐☐
지하철	subway		☐☐☐☐☐
차	car		☐☐☐☐☐
택시	taxi		☐☐☐☐☐
교통사고	traffic accident		☐☐☐☐☐
정류장	stop		☐☐☐☐☐
정거장	stop; station		☐☐☐☐☐
주차장	parking lot		☐☐☐☐☐
역	station		☐☐☐☐☐
지하도	underground passage		☐☐☐☐☐

피다
bloom; burn

(1) 꽃이 피어서 아름답다요.
(2) 꽃이 아주 예쁘게 피었어요.
(3) 나무 추위서 빨리 나뭇에 불이 피면 좋겠어요.

☐☐☐☐☐

피우다
make bloom; smoke; raise

(1) 벚나무가 빛꽃 피었어요.
(2) 향로 피워서 방에 향기가 나요.
(3) 여기에서 담배를 피우지 마세요.

☐☐☐☐☐

아

단어	영어 번역	예문	암기 체크

화내다
get angry

(1) 아빠가 일찍 오지 않아서 엄마가 아빠에게 화냈어요.
(2) 민수 씨는 자주 화를 내서 친구들이 무서워해요.
(3) 화내지 말고 천천히 이야기해봐요.

☐☐☐☐☐

화나다
get angry

(1) 저는 친구가 거짓말을 해서 화났어요.
(2) 집에 늦게 들어갔더니 엄마가 화가 나 있었어요.
(3) 친구의 거짓말에 너무 화가 났어요.

☐☐☐☐☐

확인하다
[화긴하다]
confirm

(1) 내일 일정을 다시 확인하고 연락 드릴게요.
(2) 이메일을 보냈느데 확인했어요?
(3) 지는 항상 집을 나갈때 불을 끄고 문을 잠갔는지 확인해요.

☐☐☐☐☐

환영하다
[화녕하다]
welcome

(1) 한국에 오신 것을 환영합니다!
(2) 우리 회사는 새로운 아이디어를 항상 환영해요.
(3) 지난주에 신입생들을 환영하는 행사가 열렸다.

☐☐☐☐☐

단어	영어 번역	뜻 쓰기	암기 체크
왼쪽	left		
오른쪽	right		
앞 [압]	front		
뒤	back		
옆 [엽]	next to		
가운데	center; middle		
중심	center		
위	top; above		
밑 [믿]	down		
아래	below		
사이	in between		
속	inside		
안	inside		
밖 [박]	outside		
맞은편 [마즌편]	the opposite side		
건너편	the opposite side		
주변	surroundings		
주위	around		
근처	vicinity		
동쪽	east		
서쪽	west		
남쪽	south		

ㅌ

단어	영어 번역	예문	암기 체크
태어나다	be born	(1) 저는 1990년에 태어났어요. (2) 저는 다시 태어나도 당신만을 사랑할 거예요. (3) 새로 태어난 아기가 너무 귀여워요.	
퇴근하다	leave work	(1) 오늘은 일찍 퇴근하고 집에서 푹 쉬었어요. (2) 직원들이 모두 퇴근해서 사무실에 아무도 없어요. (3) 일을 다 마치면 퇴근해도 됩니다.	
틀다	turn on	(1) 라디오를 틀어서 노래를 들었어요. (2) 방 안이 더워서 선풍기를 틀었어요. (3) 텔레비전을 틀었는데 좋아하는 드라마가 나왔어요.	
틀리다	be wrong	(1) 문제를 다 풀었는데 하나 틀렸어요. (2) 수미 씨 말이 맞아요. 제 생각이 틀린 것 같아요. (3) 선생님께서 문법이 틀린 부분을 고쳐 주셨어요.	

ㅍ

단어	영어 번역	예문	암기 체크
팔다	sell	(1) 저는 안 입는 옷을 싸게 팔았어요. (2) 이 가게에서는 신선한 과일을 팔아요. (3) 저는 그림을 그려서 팔고 싶어요.	
팔리다	be sold	(1) 이 책은 많이 팔렸어요. (2) 이 상품은 인터넷에서 잘 팔리고 있어요. (3) 이 옷은 잘 팔리지 않아서 할인 행사를 하고 있어요.	
펴다	open; spread out; spread	(1) 수업을 시작할게요. 모두 책 10쪽을 펴세요. (2) 지도를 펴서 길을 찾았어요. (3) 소풍을 가면 돗자리를 펴고 앉아서 도시락을 먹어요.	
풀다	untie; open; resolve	(1) 신발끈을 풀고 다시 묶었어요. (2) 호텔에 도착해서 짐을 풀었어요. (3) 어려운 문제를 풀어서 답을 찾았어요.	

단어	영어 번역	암기 체크
북쪽	north	□□□□□

계절과 날씨
SEASON AND WEATHER

단어	영어 번역	뜻 쓰기	암기 체크
사계절	four seasons		□□□□□
봄	spring		□□□□□
여름	summer		□□□□□
가을	fall		□□□□□
겨울	winter		□□□□□
계절 -철	season		□□□□□
기온	temperature		□□□□□
일기예보	weather forecast		□□□□□
바람	wind		□□□□□
구름	cloud		□□□□□
비	rain		□□□□□
장마	monsoon		□□□□□
장마철	rainy season		□□□□□
태풍	typhoon		□□□□□
눈	snow		□□□□□
영하	subzero temperature		□□□□□
해	sun		□□□□□
햇빛 [핻삗/핻삗]	sunlight		□□□□□

ㅊ

단어	영어 번역	예문	암기 체크
찾다 [찯따]	find, search	(1) 저녁에 갈 식당을 인터넷으로 찾았어요. (2) 잃어버린 지갑을 찾았어요. (3) 책을 찾으러 도서관에 갔어요.	□□□□□
청소하다	clean	(1) 주말마다 집을 청소해요. (2) 청소한 지 얼마 안 됐는데 방이 더러워졌어요. (3) 책을 청소하고 나면 기분이 좋아져요.	□□□□□
초대하다	invite	(1) 친구를 집에 초대해서 같이 저녁을 먹었어요. (2) 생일 파티에 많은 사람들을 초대했어요. (3) 결혼식에 친한 친구들만 초대할 거예요.	□□□□□
촬영하다 [촤령하다]	shoot, film	(1) 제가 좋아하는 배우가 드라마를 촬영하고 있어요. (2) 우리는 주말에 사진관에 가서 가족 사진을 촬영할 계획이에요. (3) 저는 저의 일상을 촬영해서 유튜브에 올려요.	□□□□□
축하하다 [추카하다]	congratulate	(1) 졸업을 축하해요! (2) 오늘은 친구의 생일이라서 친구 집에 가서 축하해 주었어요. (3) 생신을 축하드려요.	□□□□□
취소하다	cancel	(1) 날씨가 안 좋아서 소풍을 취소했어요. (2) 사장님이 회의를 취소하셔서 시간이 생겼어요. (3) 갑자기 일이 생겨서 약속을 취소해야 할 것 같아요.	□□□□□
취직하다 [취지카다]	get a job	(1) 저녁에 갈 식당을 인터넷으로 찾았어요. (2) 잃어버린 지갑을 찾았어요. (3) 책을 찾으러 도서관에 갔어요.	□□□□□
치료하다	treat	(1) 아픈 곳을 치료하려면 병원에 가야 해요. (2) 상처가 나서 약을 발라서 치료했어요. (3) 의사 선생님께서는 환자를 치료하고 계세요.	□□□□□

단어	영어 번역	뜻쓰기	암기 체크
우리나라	our country		☐☐☐☐☐
외국	foreign country		☐☐☐☐☐
해외	overseas		☐☐☐☐☐
대한민국	Republic of Korea		☐☐☐☐☐
한국	Korea		☐☐☐☐☐
세계	world		☐☐☐☐☐
아시아	Asia		☐☐☐☐☐
아프리카	Africa		☐☐☐☐☐
서양	western		☐☐☐☐☐
일본	Japan		☐☐☐☐☐
중국	China		☐☐☐☐☐
미국	the United States		☐☐☐☐☐
브라질	Brazil		☐☐☐☐☐
인도	India		☐☐☐☐☐
요르단	Jordan		☐☐☐☐☐
몽골	Mongolia		☐☐☐☐☐
멕시코	Mexico		☐☐☐☐☐
베트남	Vietnam		☐☐☐☐☐
러시아	Russia		☐☐☐☐☐
독일 [도길]	Germany		☐☐☐☐☐
프랑스	France		☐☐☐☐☐

정하다 — decide
(1) 저는 오늘 저녁 메뉴를 아직 **정하지** 못했어요.
(2) 여행하고 싶은 곳이 많아서 어디를 갈지 **정하는** 것이 어려워요.
(3) 내일 만날 시간을 아직 **정하지** 않았어요.

조사하다 — investigate
(1) 우리는 이 문제를 자세히 **조사해야** 해요.
(2) 사건을 **조사하러** 경찰들이 왔어요.
(3) 수미 씨는 회의를 준비하기 위해 많은 자료를 **조사했어요**.

졸업하다 [조러파다] — graduate
(1) 내년에 대학을 **졸업할** 예정이에요.
(2) **졸업한** 후에는 어떤 일을 하고 싶어요?
(3) **졸업하기** 전에 친구들과 여행을 가고 싶어요.

좋아하다 [조아하다] — like
(1) 저는 책을 읽는 것을 정말 **좋아해요**.
(2) 우리 아버지는 낚시를 **좋아하세요**.
(3) **좋아하는** 음식이 뭐예요?

주문하다 — order
(1) 저는 피자를 **주문했어요**.
(2) 옷을 인터넷으로 **주문하려고** 해요.
(3) 커피 **주문하러** 가겠습니다.

준비하다 — prepare
(1) 친구의 생일 파티를 위해 음식을 **준비했어요**.
(2) 여행을 가기 전에 **준비할** 것이 많아요.
(3) 저녁을 **준비하는** 동안 텔레비전을 봤어요.

지키다 — guard; obey
(1) 우리 집 개는 집을 잘 **지켜요**.
(2) 아이들은 교통 규칙을 잘 **지키고** 있어요.
(3) 우리는 약속을 반드시 **지켜야** 해요.

질문하다 — ask
(1) 선생님께 **질문하려고** 손을 들었어요.
(2) **질문하고** 싶은 것이 있으면 언제든지 말해주세요.
(3) 수미 씨는 궁금한 것을 저에게 **질문했어요**.

짓다 [진따] — build
(1) 새로 **지은** 건물에 카페가 들어온대요.
(2) 새 집을 **짓는** 데 얼마나 걸리나요?
(3) 우리 집 옆에 새 집을 **짓고** 있어요.

찍다 [찍따] — take a picture
(1) 박물관에서 사진을 **찍으면** 안 돼요.
(2) 수미 씨는 사진을 **찍는** 것을 좋아해요.
(3) 이 영화를 **찍는** 데에는 많은 시간이 걸렸어요.

단어	발음	영어 번역	암기 체크
태국		Thailand	☐☐☐☐☐
이집트		Egypt	☐☐☐☐☐
캐나다		Canada	☐☐☐☐☐
호주		Australia	☐☐☐☐☐
뉴욕		New York	☐☐☐☐☐
도쿄		Tokyo	☐☐☐☐☐
베이징		Beijing	☐☐☐☐☐
남미		South America	☐☐☐☐☐
한국말	[한궁말]	Korean	☐☐☐☐☐
한국어	[한구거]	Korean language	☐☐☐☐☐
외국어	[외구거]	foreign language	☐☐☐☐☐
한글		Korean	☐☐☐☐☐
한자	[한짜]	Chinese characters	☐☐☐☐☐
중국어	[중구거]	Chinese	☐☐☐☐☐
일본어	[일보너]	Japanese	☐☐☐☐☐
영어		English	☐☐☐☐☐
이랍어	[아라버]	Arabic	☐☐☐☐☐
스페인어	[스페이너]	Spanish	☐☐☐☐☐
대화		conversation	☐☐☐☐☐
듣기	[듣끼]	listening	☐☐☐☐☐
말하기		speaking	☐☐☐☐☐
쓰기		writing	☐☐☐☐☐
발음	[바름]	pronunciation	☐☐☐☐☐

이해하다 understand
(1) 그 문제를 이해하는 데 시간이 좀 걸렸어요.
(2) 선생님의 말이 너무 빨라서 이해할 수 없어요.
(3) 이해하지 못하면 질문하세요. ☐☐☐☐☐

잃어버리다 lose
[이러버리다]
(1) 어제 지갑을 잃어버렸어요.
(2) 휴대폰을 잃어버려서 연락이 안 돼요.
(3) 중요한 서류를 잃어버리지 않도록 조심하세요. ☐☐☐☐☐

잊어버리다 forget
[이저버리다]
(1) 비밀번호를 잊어버려서 로그인을 못하고 있어요.
(2) 미안해요, 약속을 잊어버렸어요.
(3) 그 사람의 이름을 잊어버리고 싶어요. ☐☐☐☐☐

ㅈ

단어	영어 번역	예문	암기 체크

자다 sleep
(1) 어제는 너무 피곤해서 일찍 잤어요.
(2) 너무 늦게 자서 아침에 일어나기 힘들었어요.
(3) 오늘 늦잠을 자서 학교에 늦었어요. ☐☐☐☐☐

자르다 cut
(1) 이 종이를 반으로 자를게요.
(2) 머리가 너무 길어져서 머리를 자르러 가야 해요.
(3) 가위로 리본을 잘라서 선물을 포장했어요. ☐☐☐☐☐

잘하다 do well
(1) 제 친구는 축구를 정말 잘해요.
(2) 운동을 잘하려면 매일 연습해야 해요.
(3) 수미 씨는 요리를 잘해서 맛있는 음식을 많이 만들어요. ☐☐☐☐☐

잡다 [잡따] grab, hold, catch
(1) 야구 선수가 공을 잡아서 던졌어요.
(2) 손으로 빨래를 잡으려고 했는데 놓쳤어요.
(3) 높은 곳에 있는 책을 잡기 위해 손을 뻗었어요. ☐☐☐☐☐

적다 [적따] write
(1) 공책에 중요한 내용을 적었어요.
(2) 수미 씨는 책을 읽고 느낀 점을 적는 것을 좋아해요.
(3) 저는 약속이 생기면 달력에 적어서 잊지 않으려고 해요. ☐☐☐☐☐

정리하다 organize, put together
(1) 오늘은 집안일을 하며 방을 정리할 거예요.
(2) 수업이 끝나고 나서 배운 내용을 정리했어요.
(3) 물건들이 너무 많아서 정리하려고 했는데 어디서부터 시작해야 할지 모르겠어요. ☐☐☐☐☐

단어	영어 번역	뜻 쓰기	암기 체크
예약	reservation		☐☐☐☐☐
메뉴	menu		☐☐☐☐☐
손님	customer		☐☐☐☐☐
점원 [저원]	clerk		☐☐☐☐☐
종업원 [종어붠]	staff		☐☐☐☐☐
줄	line		☐☐☐☐☐
숟가락 [숟까락]	spoon		☐☐☐☐☐
젓가락 [저까락/젇까락]	chopsticks		☐☐☐☐☐
수저	spoon and chopsticks		☐☐☐☐☐
술	alcohol		☐☐☐☐☐
한식	Korean food		☐☐☐☐☐
중식	Chinese food		☐☐☐☐☐
양식	western food		☐☐☐☐☐
중국집 [중국찝]	Chinese restaurant		☐☐☐☐☐
고기	meat		☐☐☐☐☐
소고기	beef		☐☐☐☐☐
돼지고기	pork		☐☐☐☐☐
닭고기 [닥꼬기]	chicken		☐☐☐☐☐
국	soup		☐☐☐☐☐
김밥 [김밥/김빱]	gimbap		☐☐☐☐☐
김치	kimchi		☐☐☐☐☐
김치찌개	kimchi jjigae; kimchi stew		☐☐☐☐☐

단어	영어 번역	예문	암기 체크
안내하다	guide	(1) 관광객들에게 유명한 장소를 안내했습니다. (2) 새로 들어온 직원을 위해 회사 안을 안내해 주었습니다. (3) 이곳의 역사를 안내해 드릴게요.	☐☐☐☐☐
알다	know	(1) 저는 그 사실을 어제 알았어요. (2) 내 생일을 어떻게 알았어? (3) 이 문제에 대한 답을 알아요? 저는 모르겠어요.	☐☐☐☐☐
알리다	inform	(1) 사람들에게 태풍이 온다는 사실을 알려야 해요. (2) 팀원들에게 회의 시간을 알려 주세요. (3) 우리는 미나 씨의 소식을 모두에게 알렸어요.	☐☐☐☐☐
올려놓다 [올려노타]	put up	(1) 저는 책을 책상 위에 올려놓았어요. (2) 민수 씨는 인형을 소파에 올려놓았어요. (3) 책상 위에 올려놓은 편지가 사라졌어요.	☐☐☐☐☐
연습하다 [연스파다]	practice	(1) 저는 매일 피아노를 연습해요. (2) 연습하면 더 잘할 수 있을 거예요. (3) 축구 경기 전에는 반드시 연습해야 해요.	☐☐☐☐☐
옮기다 [옴기다]	move	(1) 짐을 차로 옮겼어요. (2) 이 상자를 거기로 옮겨 주세요. (3) 책장을 거실로 옮겨요.	☐☐☐☐☐
울다 [울다]	cry	(1) 그 영화를 보고 너무 슬파서 울었어요. (2) 아기가 밤새 울어서 잠을 잘 수 없었어요. (3) 수미 씨는 너무 행복해서 울었어요.	☐☐☐☐☐
움직이다 [움지기다]	move	(1) 저는 아침에 일어나서 스트레칭을 한다면 몸을 움직여요. (2) 퇴근할 때 지하철에 사람이 많아서 몸을 움직일 수 없어요. (3) 아기가 아직 잘 움직이지 못해요.	☐☐☐☐☐
웃기다 [욷끼다]	make someone laugh	(1) 아까 한 농담은 정말 웃겼어요. (2) 친구의 이야기를 듣고 갑자기 웃긴 생각이 들었어요. (3) 어제 코미디 영화를 봤는데 너무 웃겨서 한참 웃었어요.	☐☐☐☐☐
원하다	want	(1) 저는 행복을 원해요. (2) 어떤 음식을 원하시나요? (3) 원하시는 것을 말씀해 보세요. 찾아 드릴게요.	☐☐☐☐☐
위하다	for	(1) 여자친구의 행복을 위해 저는 모든 것을 했어요. (2) 우리는 성공을 위해 노력해야 합니다. (3) 민수 씨는 자신의 꿈을 위해 공부했어요.	☐☐☐☐☐

단어	영어 번역	암기 체크
냉면	naengmyeon; cold noodles	□□□□□
된장찌개	doenjangjjigae; bean paste stew	□□□□□
떡국 [떡꾹]	tteokguk; rice cake soup	□□□□□
떡볶이 [떡뽀끼]	tteokbokki	□□□□□
라면	ramen	□□□□□
만두	dumpling	□□□□□
볶음밥 [보끔빱]	fried rice	□□□□□
불고기	bulgogi	□□□□□
비빔밥 [비빔빱]	bibimbap	□□□□□
삼계탕	samgyetang	□□□□□
설렁탕	seolleongtang	□□□□□
죽	porridge	□□□□□
자장면	jajangmyeon	□□□□□
커리	curry	□□□□□
피자	pizza	□□□□□
빵	bread	□□□□□
햄버거	hamburger	□□□□□

ㅅ

단어	영어 번역	예문	암기 체크
사용하다	use	(1) 이 컴퓨터를 **사용해도** 될까요? (2) 요리를 할 때 이 냄비를 **사용해** 보세요. (3) 음식을 배달하려고 새로운 앱을 **사용했어요.**	□□□
샤워하다	shower	(1) 운동하고 나서는 꼭 **샤워해야** 해요. (2) 저는 아침에 일어나자마자 **샤워해요.** (3) 하루 더웠는데 집에 와서 **샤워하고** 나니까 기분이 좋아졌어요.	□□□
선택하다 [선태카다]	choose	(1) 옷이 너무 많아서 어떤 옷을 **선택할지** 모르겠어요. (2) 여러가지 메뉴 중에서 어떤 걸 **선택하면** 좋을까요? (3) 이 중에서 하나를 **선택해** 주세요.	□□□
설명하다	explain	(1) 이 문제를 **설명해** 주실 수 있나요? (2) 저는 그 상황을 잘 **설명하지** 못했어요. (3) 이 기계의 사용 방법을 **설명해** 주세요.	□□□
생기다	occur, happen; be formed	(1) 갑자기 진에 일이 **생겨서** 오늘은 빨리 퇴근했어요. (2) 피부에 여드름이 **생겼어요.** (3) 공부를 많이 하니까 좋은 아이디어가 **생겼어요.**	□□□
쉽다	easy	(1) 이 문제는 정말 **쉬워서** 금방 풀었어요. (2) 한국어 발음은 생각보다 **쉬워요.** (3) 이 게임은 처음에는 어려웠지만 이제는 **쉬워요.**	□□□
싸우다	fight	(1) 친구와 어제 심하게 **싸웠어요.** (2) 동생과 자주 **싸우지만** 서로를 아끼는 마음은 변하지 않아요. (3) **싸우는** 것보다 대화로 문제를 해결하는 것이 좋아요.	□□□
쌓이다 [싸이다]	pile up, be stacked	(1) 책상 위에 책이 너무 **쌓여서** 정리를 해야겠어요. (2) 쓰레기가 **쌓이지** 않도록 자주 버려주세요. (3) 집에 빨래가 계속 **쌓이고** 있어요.	□□□
썰다	slice	(1) 요리하기 전에 채소를 **썰어야** 해요. (2) 손가락을 조심하면서 양파를 **썰어** 주세요. (3) 샐러드를 만들기 위해 오이를 **썰었어요.**	□□□
씻다	wash	(1) 밥 먹기 전에 손을 **씻어야** 해요. (2) 저녁에 늦게 와서 얼굴은 **씻고** 잤어요. (3) 과일은 산 후에 한번 **씻고** 먹어야 해요.	□□□

음식 재료와 음료, 디저트
FOOD INGREDIENTS AND BEVERAGE, DESSERT

단어	영어 번역	뜻쓰기	암기 체크
간장	soy sauce		☐☐☐☐☐
계란	eggs		☐☐☐☐☐
고추장	red pepper paste		☐☐☐☐☐
밀가루 [밀까루]	flour		☐☐☐☐☐
두부	tofu		☐☐☐☐☐
쌀	rice		☐☐☐☐☐
생선	fish		☐☐☐☐☐
오징어	squid		☐☐☐☐☐
인삼	ginseng		☐☐☐☐☐
콩	bean		☐☐☐☐☐
물	water		☐☐☐☐☐
맥주 [맥쭈]	beer		☐☐☐☐☐
음료수 [음뇨수]	drink		☐☐☐☐☐
콜라	cola; Coke		☐☐☐☐☐
사이다	soda pop; Sprite		☐☐☐☐☐
차	tea		☐☐☐☐☐
홍차	black tea		☐☐☐☐☐
녹차	green tea		☐☐☐☐☐
우유	milk		☐☐☐☐☐
커피	coffee		☐☐☐☐☐

목욕하다 take a bath
[모교카다]
(1) 집에 가서 바로 **목욕하고** 싶어요.
(2) 강아지를 위해 **목욕을** 준비했어요.
(3) **목욕한** 피곤함이 풀려요.
☐☐☐☐☐

ㅂ

단어	영어 번역	예문	암기 체크
바꾸다	change	(1) 이 신발이 마음에 안 들어서 다른 걸로 **바꾸려고** 해요. (2) 저는 머리 스타일을 **바꾸고** 싶어요. (3) 이 방의 분위기를 **바꾸기 위해** 새로운 가구를 샀어요.	☐☐☐☐☐
바뀌다	be changed	(1) 친구의 마음이 **바뀐 것** 같아요. (2) 이 동네는 몇 년 동안 많이 **바뀌었어요.** (3) 계절이 바뀌면서 날씨도 많이 **바뀌었어요.**	☐☐☐☐☐
바라다	hope	(1) 어머니는 항상 저의 성공을 **바라셨어요.** (2) 민수 씨는 성공을 **바라며** 열심히 일했어요. (3) 나는 네가 행복하길 **바라.**	☐☐☐☐☐
버리다	throw away	(1) 이 옷은 오래돼서 **버려야** 할 것 같아요. (2) 안 좋은 습관을 **버리는** 것이 어려워요. (3) 이 책은 읽지 않으니까 **버리세요.**	☐☐☐☐☐
벌다	earn	(1) 저는 아르바이트를 해서 돈을 **벌어요.** (2) 열심히 일해서 돈을 많이 **벌고** 싶어요. (3) 아빠는 매일 일을 해서 가족을 위해 돈을 **버십니다.**	☐☐☐☐☐
벗다 [벋따]	take off	(1) 날씨가 더우면 옷을 **벗으세요.** (2) 집에 들어가자마자 신발을 **벗었어요.** (3) 수영하러 갈 때는 수영복을 **벗지** 않아도 돼요.	☐☐☐☐☐
보내다	send	(1) 저는 어머니에게 편지를 **보냈어요.** (2) 나는 친구에게 선물을 **보냈어.** (3) 사장님께 직접 이메일을 **보내야** 할 것 같아요.	☐☐☐☐☐

주스	juice	□□□□□
아이스크림	ice cream	□□□□
케이크	cake	□□□□□
초콜릿	chocolate	□□□□□
껌	gum	□□□□□
과자	snacks	□□□□□
간식	snack	□□□□□
떡	rice cake	□□□□□
사탕	candy	□□□□□

한국 여행 TRIP IN KOREA

단어	영어 번역	뜻 쓰기	암기 체크
해외여행	overseas trip		□□□□
여행사	travel agency		□□□□
여권 [여꿘]	passport		□□□□
공항	airport		□□□□
호텔	hotel		□□□□
지하철역 [지하철력]	subway station		□□□□
서울역 [서울력]	Seoul Station		□□□□
터미널	terminal		□□□□
스키장	ski resort		□□□□
박물관 [방물관]	museum		□□□□

단어	영어 번역	예문	암기 체크
뛰다	run	(1) 아이들이 **뛰어** 놀고 있어요. (2) 빨리 **뛰어서** 친구를 따라잡아야 해요. (3) 강아지가 공을 **뛰어서** 잡았어요.	□□□□□
떨어지다 [떠러지다] fall, drop, fail (an examination)		(1) 열심히 공부를 안 해서 시험에서 **떨어졌어요.** (2) 볼펜이 바닥에 **떨어졌는데** 좀 주워 주세요. (3) 나무에서 사과가 **떨어졌습니다.**	□□□□□

ㅁ

단어	영어 번역	예문	암기 체크
마르다	dry	(1) 나무 더워서 금방 옷이 **말라요.** (2) 빨래를 널었는데 금방 **말랐어요.** (3) 며칠 동안 물을 안 쳐서 금이 **말랐어요.**	□□□□□
마시다	drink	(1) 오늘 더워서 물을 많이 **마셨어요.** (2) 커피를 **마시면** 잠이 안 와요. (3) 저녁에는 차를 **마시는** 것을 좋아해요.	□□□□□
만지다	touch	(1) 고양이 털을 **만지면** 기분이 좋아요. (2) 종이 뜨거우니까 아직 **만지지** 마세요. (3) 아기의 손을 **만져** 보니 너무 부드러웠어요.	□□□□□
마치다	finish	(1) 숙제를 다 **마쳤어요.** (2) 늦지 않으려면 열 시까지 준비를 **마쳐야** 해요. (3) 유학 생활을 **마치고** 고향에 돌아가요.	□□□□□
막히다 [마키다]	be blocked, be jammed	(1) 출근 시간에는 길이 많이 **막혀요.** (2) 비가 오니 고속도로가 **막힌** 것 같아요. (3) 감기 때문에 코가 **막혔어요.**	□□□□□
매다	tie	(1) 스카프를 목에 **매고** 나갔어요. (2) 신발 끈이 풀려서 다시 **매야** 해요. (3) 차가 출발하기 전에 안전벨트를 꼭 **매세요.**	□□□□□
메다	carry	(1) 어깨에 가방을 **메고** 여행을 갈 거예요. (2) 캠핑 갈 때 짐을 많이 **메야** 해요. (3) 가방을 **메고** 나가는 것을 잊지 마세요.	□□□□□
모르다	not know	(1) **모르는** 사람이 나무 많아서 어색했어요. (2) 이 문제의 답을 **모르겠어요.** (3) 어떻게 해야 할지 **몰라서** 친구에게 물어봤어요.	□□□□□

단어	영어 번역	암기 체크
대사관	embassy	☐☐☐☐☐
노래방	noraebang; singing room; karaoke	☐☐☐☐☐
극장 [극짱]	theater	☐☐☐☐☐
백화점 [배콰점]	department store	☐☐☐☐☐
영화관	movie theater	☐☐☐☐☐
공원	park	☐☐☐☐☐
방송국	broadcasting station	☐☐☐☐☐
동대문시장	Dongdaemun Market	☐☐☐☐☐
카페	café; coffee shop	☐☐☐☐☐
커피숍	coffee shop	☐☐☐☐☐
한강	Hangang River	☐☐☐☐☐
시내	downtown	☐☐☐☐☐
절	temple	☐☐☐☐☐
종로 [종노]	Jongro Station	☐☐☐☐☐
제주도	Jeju Island	☐☐☐☐☐
부산	Busan	☐☐☐☐☐
남산	Namsan Mountain	☐☐☐☐☐
민속촌	folk village	☐☐☐☐☐
경복궁 [경복꿍]	Gyeongbokgung Palace	☐☐☐☐☐
김포공항	Gimpo Airport	☐☐☐☐☐
시청	city hall	☐☐☐☐☐
인천	Incheon	☐☐☐☐☐

ㄷ

단어	영어 번역	예문	암기 체크
다니다	go, continuously, attend	(1) 저는 서울에서 대학교를 **다녀요**. (2) 어릴 때는 태권도 학원을 **다녔는데** 지금은 안 **다녀요**. (3) 요즘 헬스장에 **다니고** 있어요.	☐☐☐☐☐
달리다	run	(1) 민수 씨는 매일 아침 운동으로 공원에서 **달립니다**. (2) 빨리 **달려서** 버스를 잡아야 해요. (3) 저번 주 일요일에 마라톤 대회에서 열심히 **달렸어요**.	☐☐☐☐☐
닦다 [닥따]	wipe	(1) 저는 매일 아침 이를 **닦아요**. (2) 차를 **닦는** 것은 아주 힘들어요. (3) 창문을 **닦으니까** 훨씬 밝아졌어요.	☐☐☐☐☐
닮다 [담따]	resemble	(1) 수미 씨는 엄마를 정말 **닮았어요**. (2) 민수 씨 성격은 아버지를 **닮았다고** 해요. (3) 저는 저희 언니와 성격이 아주 **닮았어요**.	☐☐☐☐☐
담그다	soak	(1) 차를 마시려면 먼저 물에 차를 **담가야** 해요. (2) 오이를 소금물에 **담가서** 오이지를 만들었어요. (3) 설거지할 그릇들을 물에 **담가** 놓았어요.	☐☐☐☐☐
대답하다 [대다파다]	answer	(1) 질문에 **대답할** 수 있을까요? (2) 민수는 제 질문에 **대답하지** 않았어요. (3) 제가 묻는 길에 솔직하게 **대답해** 주세요.	☐☐☐☐☐
덮다 [덥따]	cover	(1) 날씨가 추우니까 이불을 꼭 **덮고** 자세요. (2) 국물 끓일 때는 냄비 뚜껑을 **덮어야** 합니다. (3) 눈이 너무 많이 와서 길이 다 **덮였어요**.	☐☐☐☐☐
돕다 [돕따]	help	(1) 저는 주변 친구들을 **돕는** 것이 즐거워요. (2) 방학 때 봉사활동을 하며 이웃들을 **도우려고** 합니다. (3) 아이들이 경비원을 **도와** 공원을 청소했어요.	☐☐☐☐☐
따라가다	follow	(1) 모든 사람이 선물을 줘도 집에 **따라가면** 안 됩니다. (2) 저는 도서관에 가는 친구를 **따라가** 책을 빌렸어요. (3) 어디로 가는지 몰라서 친구가 가는 길을 **따라갔어요**.	☐☐☐☐☐
따라오다	follow	(1) 아기 고양이가 저를 **따라왔어요**. (2) 너무 빨리 가지 마세요. 저를 **따라오세요**. (3) 이상한 사람이 제 뒤를 **따라오는** 것 같았어요.	☐☐☐☐☐

단어	영어 변역	뜻 쓰기	암기 체크
가게	shop		☐☐☐☐☐
도서관	library		☐☐☐☐☐
문구점	stationery store		☐☐☐☐☐
꽃집 [꼳찝]	flower shop		☐☐☐☐☐
미술관	art museum		☐☐☐☐☐
미용실	hair salon		☐☐☐☐☐
병원	hospital		☐☐☐☐☐
부동산	real estate		☐☐☐☐☐
빌딩	building		☐☐☐☐☐
빵집 [빵찝]	bakery		☐☐☐☐☐
서점	bookstore		☐☐☐☐☐
세탁소 [세탁쏘]	laundry		☐☐☐☐☐
수영장	swimming pool		☐☐☐☐☐
슈퍼마켓 [슈퍼마켇]	supermarket		☐☐☐☐☐
시장	market		☐☐☐☐☐
약국 [약꾹]	pharmacy		☐☐☐☐☐
운동장	playground; sports field		☐☐☐☐☐
은행	bank		☐☐☐☐☐
하숙집 [하숙찝]	boarding house		☐☐☐☐☐
학원 [하권]	academy		☐☐☐☐☐
경기장	stadium		☐☐☐☐☐
교회	church		☐☐☐☐☐

나빠지다 get worse
(1) 친구와 싸워서 기분이 나빠졌어요.
(2) 저는 건강이 나빠져서 병원에 갔어요.
(3) 몸의 상태가 나빠져서 걱정이에요.
☐☐☐☐☐

나타나다 appear
(1) 수미 씨는 제가 항상 필요할 때 나타나요.
(2) 이번 시험이 나타나서 모두를 놀라게 했어요.
(3) 이쪽으로 가다가 안쪽으로 돌면 도서관이 나타날 거예요.
☐☐☐☐☐

남기다 leave
(1) 저는 여행을 갈 때마다 사진을 많이 찍어서 추억을 남겨요.
(2) 식사 후에 음식을 남기지 않도록 해요.
(3) 수미 씨는 자신의 생각을 일기에 남겨요.
☐☐☐☐☐

남다 over, go beyond
(1) 지하철 역 앞에서 친구를 20분 넘게 기다렸어요.
(2) 이번 시험은 70점을 넘지 못했어요.
(3) 지난 여름은 기온이 40도를 넘었어요.
☐☐☐☐☐

놀라다 be surprised
(1) 친구가 교통사고가 났다는 소식에 놀라서 바로 병원에 갔어요.
(2) 그렇게 갑자기 기분 좋은 일이니까 놀랐어요.
(3) 수미 씨의 뛰어난 능력에 모두가 놀랐어요.
☐☐☐☐☐

넣다 [너타] put
(1) 커피에 설탕을 조금만 넣으세요.
(2) 가방에 책을 넣고 학교에 갔어요.
(3) 날씨가 추워서 주머니에 손을 넣었어요.
☐☐☐☐☐

누르다 press
(1) 문이 안 열려서 버튼을 눌렀어요.
(2) 손가락으로 스위치를 눌러야 해요.
(3) 너무 세게 누르면 장치들이 고장날 수 있어요.
☐☐☐☐☐

노력하다 [노려카다] make an effort
(1) 시험을 잘 보려고 많이 노력했어요.
(2) 어떤 일이든 노력하면 반드시 좋은 결과가 있을 거예요.
(3) 민수 씨는 항상 노력하는 사람이라서 모두에게 인정받아요.
☐☐☐☐☐

눕다 [눕따] lie down
(1) 너무 피곤해서 바로 침대에 누웠어요.
(2) 잠이 안 와서 잔대에 누워서 책을 읽었어요.
(3) 머리가 아파요, 빨리 집에 가서 눕고 싶어요.
☐☐☐☐☐

내려가다 go down
(1) 지금 엘리베이터로 내려가고 있어요.
(2) 저는 계단을 이용해 1층으로 내려갔어요.
(3) 산을 내려가는 길이 조금 미끄러워요.
☐☐☐☐☐

내려오다 come down
(1) 산 중부터 일 층까지 계단으로 내려왔어요.
(2) 산에서 내려오는 길이 힘들었어요.
(3) 엘리베이터가 내려올 때까지 같이 기다려요.
☐☐☐☐☐

내리다 get off
(1) 다음 정류장에서 버스를 내려야 해요.
(2) 지하철에서 내리는 순간 지갑을 잃어버렸어요.
(3) 이번 역에서 내리세요.
☐☐☐☐☐

단어	영어 번역	뜻 쓰기	암기 체크
게임하기	playing games		☐☐☐☐☐
낚시 [낙씨]	fishing		☐☐☐☐☐
독서 [독써]	reading		☐☐☐☐☐
등산	climbing		☐☐☐☐☐
라디오 듣기 [듣끼]	listening to the radio		☐☐☐☐☐
만화 보기	watching cartoons		☐☐☐☐☐
무용	dance		☐☐☐☐☐
산책	walk; stroll		☐☐☐☐☐
사진 찍기 [찍끼]	take a picture		☐☐☐☐☐
춤	dance		☐☐☐☐☐
소설 읽기 [일끼]	reading a novel		☐☐☐☐☐
피아노	piano		☐☐☐☐☐
음악 [으막]	music		☐☐☐☐☐
바이올린	violin		☐☐☐☐☐
기타	guitar		☐☐☐☐☐
영화	movie		☐☐☐☐☐
골프	golf		☐☐☐☐☐
농구	basketball		☐☐☐☐☐
배구	volleyball		☐☐☐☐☐
스케이트	skating		☐☐☐☐☐
스키	ski		☐☐☐☐☐

단어	영어 번역	예문	암기 체크
기뻐하다	be glad	(1) 친구는 생일 선물을 받고 **기뻐했어요**. (2) 언니가 제가 취직했다는 소식에 **기뻐하며** 축하해 주었어요. (3) 아버지가 저의 성적을 보고 **기뻐하셨어요**.	☐☐☐☐☐
기억하다 [기어카다]	remember	(1) 저는 동생이 어릴 적 모습을 **기억하고** 있어요. (2) 작년에 같이 카페에 갔던 것을 **기억해** 보세요. (3) 어제 만난 사람의 이름을 **기억하지** 못해요.	☐☐☐☐☐
긴장되다	get nervous	(1) 첫 인터뷰라서 너무 **긴장했어요**. (2) 시험 전에는 항상 **긴장돼요**. (3) 너무 **긴장되면** 껌을 씹어 보세요.	☐☐☐☐☐
꾸다	dream	(1) 어제 밤에 좋은 **꿈을 꿨어요**. (2) 오늘은 꿈도 안 **꾸고** 푹 잤어요. (3) 악몽을 **꿔서** 잠을 잘 못 잤어요.	☐☐☐☐☐
끄다	turn off	(1) 방을 나갈 때는 불을 **끄고** 가세요. (2) 불을 **끄고** 나서 잠을 자요. (3) 컴퓨터를 **끄고** 나서 쉴 수 있었어요.	☐☐☐☐☐
끓이다 [끄리다]	boil	(1) 저녁으로 라면을 **끓여** 먹었어요. (2) 커피를 만들려면 물부터 **끓여야** 해요. (3) 감기에 걸렸을 때는 차를 **끓여** 마셔요.	☐☐☐☐☐
끝나다 [끈나다]	end	(1) 영화가 **끝나고** 나서 집에 갔어요. (2) 수업이 **끝나면** 친구들과 밥을 먹으러 가요. (3) 이번 달이 **끝나면** 새로운 계획을 세울 거예요.	☐☐☐☐☐
끝내다 [끈내다]	finish	(1) 공부를 **끝내고** 나서 텔레비전을 봤어요. (2) 일을 **끝내면** 친구를 만나러 갈 거예요. (3) 이번 주까지 숙제를 **끝내야** 해요.	☐☐☐☐☐

ㄴ

단어	영어 번역	예문	암기 체크
나가다	go out	(1) 오늘 친구들과 영화를 보러 **나갔어요**. (2) 일어나서 집 밖으로 **나갔어요**. (3) 학교에 늦지 않으려면 지금 **나가야** 할 것 같아요.	☐☐☐☐☐
나누다	divide; share	(1) 저는 간식을 친구들과 **나누어** 먹었어요. (2) 일이 너무 많으니까 우리 일을 **나눠서** 해요. (3) 학교에서 봉사활동을 하면서 물건을 **나눠줬어요**.	☐☐☐☐☐

단어	영어 번역	뜻 쓰기	암기 체크
스포츠	sports		☐☐☐☐☐
야구	baseball		☐☐☐☐☐
축구 [축꾸]	soccer		☐☐☐☐☐
탁구 [탁꾸]	table tennis		☐☐☐☐☐
태권도 [태꿘도]	taekwondo		☐☐☐☐☐
테니스	tennis		☐☐☐☐☐

물건 ITEMS

단어	영어 번역	뜻 쓰기	암기 체크
가방	bag		☐☐☐☐☐
지갑	wallet		☐☐☐☐☐
핸드폰	cell phone		☐☐☐☐☐
휴대전화	cell phone		☐☐☐☐☐
컴퓨터	computer		☐☐☐☐☐
카메라	camera		☐☐☐☐☐
우산	umbrella		☐☐☐☐☐
안경	glasses		☐☐☐☐☐
신문	newspaper		☐☐☐☐☐
시계	clock		☐☐☐☐☐
손수건 [손쑤건]	handkerchief		☐☐☐☐☐
필통	pencil case		☐☐☐☐☐
볼펜	ballpoint pen		☐☐☐☐☐

단어	영어 번역	예문	암기 체크
가다	go	(1) 저는 매일 아침 회사에 가요. (2) 주말에는 쇼핑몰에 가서 물건을 사요. (3) 친구와 영화를 보러 가려고 해요.	☐☐☐☐☐
갈아타다 [가라타다]	transfer	(1) 지하철을 타다가 중간에 다른 노선으로 갈아타요. (2) 이번 정류장에서 버스를 갈아타야 해요. (3) 좋은 곳을 때마다 두 번이나 버스를 갈아타서 힘들어요.	☐☐☐☐☐
걷다 [걷따]	walk	(1) 저는 공원을 걷는 것을 좋아해요. (2) 어제는 집에서 학교까지 걸어갔어요. (3) 건강을 위해 회사에 걸어서 다녀요.	☐☐☐☐☐
걸어가다 [거러가다]	walk to	(1) 날씨가 좋아서 학교까지 걸어갔어요. (2) 여기에서 체육관까지 걸어가면 얼마나 걸려요? (3) 밤에 도착했어요? 저는 지금 역에서 나와서 걸어가는 중이에요.	☐☐☐☐☐
걸어오다 [거러오다]	walk from	(1) 저기 제 동생이 이쪽으로 걸어오고 있어요. (2) 여기까지 걸어오는 길에 꽃들이 아름답게 피어 있었어요. (3) 내일부터는 회사에 걸어오려고 해요.	☐☐☐☐☐
결정하다 [결쩡하다]	decide	(1) 어떤 옷을 입을지 아직 결정하지 못했어요. (2) 우리는 이 문제를 빨리 결정해야 해요. (3) 수미 씨는 대학을 어디로 갈지 아직 결정하지 않았어요.	☐☐☐☐☐
계산하다	calculate	(1) 저는 덧셈, 뺄셈을 계산하는 것이 어려워요. (2) 여기에서 계산기를 사용하면 편해요. (3) 점심비를 계산하면 얼마인지 알려줄 수 있을까요?	☐☐☐☐☐
기다리다	wait	(1) 친구를 기다리는 동안 책을 읽고 있었어요. (2) 저는 버스를 기다리고 있어요. (3) 빨리 기뻐야 하는데, 언제까지 기다려야 하나요?	☐☐☐☐☐
기르다	raise, breed	(1) 저는 집에서 강아지를 기르고 있어요. (2) 식물을 기르는 것을 좋아해요. (3) 어머니는 애견에 담은 기르셨어요.	☐☐☐☐☐

		암기 체크
공책	notebook	☐☐☐☐☐
노트	note	☐☐☐☐☐
가위	scissors	☐☐☐☐☐
봉지	bag	☐☐☐☐☐
봉투	envelope	☐☐☐☐☐
사진기	camera	☐☐☐☐☐
상자	box	☐☐☐☐☐
시디	CD	☐☐☐☐☐
공	ball	☐☐☐☐☐
칼	knife	☐☐☐☐☐
칫솔 [치쏠/칟쏠]	toothbrush	☐☐☐☐☐
치약	toothpaste	☐☐☐☐☐
컵	cup	☐☐☐☐☐
수건	towel	☐☐☐☐☐
잡지 [잡찌]	magazine	☐☐☐☐☐
필름	film	☐☐☐☐☐

옷
CLOTHES

단어	영어 번역	뜻 쓰기	암기 체크
티셔츠	T-shirt		☐☐☐☐☐
블라우스	blouse		☐☐☐☐☐
와이셔츠	Y-shirt		☐☐☐☐☐

		암기 체크
중	middle	☐☐☐☐☐
모양	shape	☐☐☐☐☐
목적 [목쩍]	goal	☐☐☐☐☐
맛 [맏]	taste	☐☐☐☐☐
반 [반]	half	☐☐☐☐☐
내용	content	☐☐☐☐☐
방법	way	☐☐☐☐☐
소리	sound	☐☐☐☐☐

바지	pants	☐☐☐☐☐
반바지	shorts	☐☐☐☐☐
청바지	jeans	☐☐☐☐☐
치마	skirt	☐☐☐☐☐
원피스	one-piece dress	☐☐☐☐☐
코트	coat	☐☐☐☐☐
점퍼	jumper	☐☐☐☐☐
재킷 [재킫]	jacket	☐☐☐☐☐
스타킹	stockings	☐☐☐☐☐
양말	socks	☐☐☐☐☐
구두	shoes	☐☐☐☐☐
넥타이	tie	☐☐☐☐☐
모자	hat	☐☐☐☐☐
목걸이 [목꺼리]	necklace	☐☐☐☐☐
장갑	gloves	☐☐☐☐☐
스웨터	sweater	☐☐☐☐☐
액세서리 [액쎄서리]	accessories	☐☐☐☐☐
양복	suit	☐☐☐☐☐
옷장 [온짱]	closet	☐☐☐☐☐
사이즈	size	☐☐☐☐☐
패션	fashion	☐☐☐☐☐
유행	trend	☐☐☐☐☐
주머니	pocket	☐☐☐☐☐
한복	hanbok	☐☐☐☐☐

그 밖의 어휘
OTHER VOCABULARY

단어	영어 번역	뜻 쓰기	암기 체크
감동	strong impression; deep emotion		☐☐☐☐☐
기분	feelings		☐☐☐☐☐
행복	happiness		☐☐☐☐☐
화	anger		☐☐☐☐☐
표현	expression		☐☐☐☐☐
자유	freedom		☐☐☐☐☐
장점 [장쩜]	advantage		☐☐☐☐☐
단점 [단쩜]	weakness		☐☐☐☐☐
최고	the best		☐☐☐☐☐
제일	most		☐☐☐☐☐
처음	first		☐☐☐☐☐
시작	start		☐☐☐☐☐
순서	sequence		☐☐☐☐☐
의미	meaning		☐☐☐☐☐
이유	reason		☐☐☐☐☐
자신	confidence		☐☐☐☐☐
제목	title		☐☐☐☐☐
혼자	alone		☐☐☐☐☐
추억	memory		☐☐☐☐☐
질	quality		☐☐☐☐☐

단어	영어 번역	뜻 쓰기	암기 체크
아파트	apartment		☐☐☐☐☐
열쇠 [열쐬]	key		☐☐☐☐☐
문	door		☐☐☐☐☐
방	room		☐☐☐☐☐
부엌 [부억]	kitchen		☐☐☐☐☐
냉장고	refrigerator		☐☐☐☐☐
그릇 [그륻]	bowl		☐☐☐☐☐
냄비	pot		☐☐☐☐☐
설거지	washing dishes		☐☐☐☐☐
식탁	table		☐☐☐☐☐
화장실	restroom		☐☐☐☐☐
샴푸	shampoo		☐☐☐☐☐
비누	soap		☐☐☐☐☐
로션	lotion		☐☐☐☐☐
선풍기	electric fan		☐☐☐☐☐
세탁기 [세탁끼]	washing machine		☐☐☐☐☐
에어컨	air conditioner		☐☐☐☐☐
청소기	vacuum cleaner		☐☐☐☐☐
텔레비전	television		☐☐☐☐☐
소파	sofa		☐☐☐☐☐
책장 [책짱]	bookshelf, bookcase		☐☐☐☐☐

단어	영어 번역	뜻 쓰기	암기 체크
내과 [내꽈]	internal medicine department		☐☐☐☐☐
치과 [치꽈]	the dentist		☐☐☐☐☐
감기	cold		☐☐☐☐☐
증세	symptom		☐☐☐☐☐
기침	coughing		☐☐☐☐☐
몸살	body aching all over		☐☐☐☐☐
상처	wound		☐☐☐☐☐
열	fever		☐☐☐☐☐
주사	injection		☐☐☐☐☐
약	medicine		☐☐☐☐☐
소화제	digestive medicine		☐☐☐☐☐
코피	nosebleed		☐☐☐☐☐
콧물 [콘물]	runny nose		☐☐☐☐☐
환자	patient		☐☐☐☐☐

단어	영어 번역	뜻 쓰기	암기 체크
침대	bed		☐☐☐☐☐
테이블	table		☐☐☐☐☐
휴지통	recycle bin		☐☐☐☐☐
인형	doll		☐☐☐☐☐

학교
SCHOOL

단어	영어 번역	뜻 쓰기	암기 체크
초등학교 [초등학꾜]	elementary school		☐☐☐☐☐
초등학생 [초등학쌩]	elementary school student		☐☐☐☐☐
중학교 [중학꾜]	middle school		☐☐☐☐☐
중학생 [중학쌩]	middle school student		☐☐☐☐☐
고등학교 [고등학꾜]	high school		☐☐☐☐☐
고등학생 [고등학쌩]	high school student		☐☐☐☐☐
대학교 [대학꾜]	university		☐☐☐☐☐
대학생 [대학쌩]	university student		☐☐☐☐☐
대학원 [대하권]	graduate school		☐☐☐☐☐
대학원생 [대하권생]	graduate student		☐☐☐☐☐
입학 [이팍]	entrance into a school		☐☐☐☐☐
전공	major		☐☐☐☐☐
유학	studying abroad		☐☐☐☐☐
유학생 [유학쌩]	student studying abroad		☐☐☐☐☐
학년 [항년]	school year		☐☐☐☐☐

동물과 과일
ANIMALS AND FRUITS

단어	영어 번역	뜻 쓰기	암기 체크
강아지	puppy		☐☐☐☐☐
개	dog		☐☐☐☐☐
고양이	cat		☐☐☐☐☐
닭 [닥]	chicken		☐☐☐☐☐
새	bird		☐☐☐☐☐
새우	shrimp		☐☐☐☐☐
소	cow		☐☐☐☐☐
오리	duck		☐☐☐☐☐
호랑이	tiger		☐☐☐☐☐
돼지	pig		☐☐☐☐☐
귤	tangerine		☐☐☐☐☐
딸기	strawberry		☐☐☐☐☐
바나나	banana		☐☐☐☐☐
배	pear		☐☐☐☐☐
복숭아 [복쑹아]	peach		☐☐☐☐☐
사과	apple		☐☐☐☐☐
수박	watermelon		☐☐☐☐☐
오렌지	orange		☐☐☐☐☐
포도	grape		☐☐☐☐☐

단어	영어 번역	뜻 쓰기	암기 체크
학기 [학끼]	semester		☐☐☐☐☐
학생증 [학쌩쯩]	student card		☐☐☐☐☐
기숙사 [기숙싸]	dormitory		☐☐☐☐☐
남학생 [남학쌩]	male student		☐☐☐☐☐
여학생 [여학쌩]	female student		☐☐☐☐☐
선배	senior		☐☐☐☐☐
후배	junior		☐☐☐☐☐

교실과 수업
CLASS ROOM AND CLASS

단어	영어 번역	뜻 쓰기	암기 체크
칠판	blackboard		☐☐☐☐☐
책상 [책쌍]	desk		☐☐☐☐☐
의자	chair		☐☐☐☐☐
책	book		☐☐☐☐☐
연필	pencil		☐☐☐☐☐
지우개	eraser		☐☐☐☐☐
사전	dictionary		☐☐☐☐☐
국어 [구거]	official language		☐☐☐☐☐
미술	art		☐☐☐☐☐
역사 [역싸]	history		☐☐☐☐☐
과학	science		☐☐☐☐☐
수학	math		☐☐☐☐☐
교과서 [교과서/교꽈서]	textbook		☐☐☐☐☐

자연과 식물
NATURE AND PLANTS

단어	영어 번역	뜻 쓰기	암기 체크
바다	sea		☐☐☐☐☐
바닷가 [바다까/바닫까]	seaside		☐☐☐☐☐
강	river		☐☐☐☐☐
산	mountain		☐☐☐☐☐
설악산 [서락싼]	Seoraksan Mountain		☐☐☐☐☐
섬	island		☐☐☐☐☐
달	moon		☐☐☐☐☐
별	stars		☐☐☐☐☐
나무	tree		☐☐☐☐☐
꽃 [꼳]	flower		☐☐☐☐☐
개나리	forsythia		☐☐☐☐☐
무궁화	mugunghwa		☐☐☐☐☐
벚꽃 [벋꼳]	cherry blossoms		☐☐☐☐☐
진달래	azalea		☐☐☐☐☐
장미	rose		☐☐☐☐☐
송이	bunch		☐☐☐☐☐
풀	grass		☐☐☐☐☐

단어	영어 뜻역	뜻 쓰기	암기 체크
과	lesson		☐☐☐☐☐
숙제 [숙쩨]	homework		☐☐☐☐☐
발표	presentation		☐☐☐☐☐
시간표	timetable		☐☐☐☐☐
시험	examination		☐☐☐☐☐
점수	score		☐☐☐☐☐

회사 COMPANY

단어	영어 뜻역	뜻 쓰기	암기 체크
사무실	office		☐☐☐☐☐
사장	boss		☐☐☐☐☐
사원	employee		☐☐☐☐☐
직원 [지권]	employee		☐☐☐☐☐
회의 [회의/회이]	meeting		☐☐☐☐☐
스트레스	stress		☐☐☐☐☐
수첩	pocket notebook		☐☐☐☐☐
서류	document		☐☐☐☐☐
종이	paper		☐☐☐☐☐
자료	data		☐☐☐☐☐
정보	information		☐☐☐☐☐
출장 [출짱]	business trip		☐☐☐☐☐
휴가	vacation		☐☐☐☐☐

단어	영어 뜻역	뜻 쓰기	암기 체크
월급	monthly wage		☐☐☐☐☐

행사 EVENT

단어	영어 뜻역	뜻 쓰기	암기 체크
모임	meeting		☐☐☐☐☐
잔치	feast		☐☐☐☐☐
파티	party		☐☐☐☐☐
소풍	picnic		☐☐☐☐☐
축제 [축쩨]	festival		☐☐☐☐☐
공연	performance		☐☐☐☐☐
생일	birthday		☐☐☐☐☐
올림픽	Olympics		☐☐☐☐☐
월드컵	World Cup		☐☐☐☐☐
경기	game		☐☐☐☐☐
크리스마스	Christmas		☐☐☐☐☐
명절	holiday		☐☐☐☐☐
설날 [설랄]	Seollal; Korean New Year's Day		☐☐☐☐☐
추석	Chuseok		☐☐☐☐☐